Herb Stumpf

Ich mach mich
dann mal auf den Weg

Buddha Talk

Meine Auszeit bei den Buddhisten

Ersterscheinung
© 2021 Scorpio Verlag in Europa Verlage GmbH, München
ISBN 978-3-95803-402-0
Alle Rechte vorbehalten

Neuerscheinung September 2025
Verlag: BoD · Books on Demand GmbH, Überseering 33,
22297 Hamburg, bod@bod.de
Druck: Libri Plureos GmbH, Friedensallee 273,
22763 Hamburg

2.Auflage: Januar 2026
Verlag: BoD · Books on Demand GmbH, Überseering 33,
22297 Hamburg, bod@bod.de
Druck: Libri Plureos GmbH, Friedensallee 273,
22763 Hamburg

Coverfoto und Illustration: shutterstock.com
Autorenfoto: privat
Layout und Satz: peterdesign, Nürnberg

© Herb Stumpf, Nürnberg, 2021

ISBN: 978-3-8192-7734-4

INHALT

Vorwort

In dieser Neuerscheinung bei Books on Demand 2025 wird der Name des Meditationszentrums, in dem dieses Retreat stattfand, explizit genannt: Es handelt sich um das Wat Suan Mokkh, International Dharma Heritage, im Distrikt Surat Thani im Süden Thailands. Ich war dort zwei Mal.

Die Namen der Mönche wurden in der autofiktiven Form wie auch in der Version vom Scorpio Verlag belassen, da sie inzwischen zum großen Teil andere Wege gegangen sind und nicht mehr in diesem Kloster lehren. Dies sagt jedoch nichts aus über die Qualität der aktuellen Lehrer; diese können von Retreat zu Retreat andere Personen sein. Ebenso ist der damalige Abt des Klosters, Ajahn Poh, nicht mehr derselbe, er ist inzwischen verstorben.

Auch im ersten Teil habe ich die Protagonisten und die gesamte Firma mit ihren autofiktiven Namen und Rollen belassen. Vieles davon kenne ich jedoch aus eigener Lebenspraxis.

All dies ändert nichts an den Aussagen und Lehrinhalten, wie sie in diesem Buch beschrieben sind. Ich habe sie selbst erfahren, notiert und versucht, sie möglichst nachvollziehbar wiederzugeben.

TEIL 1

Ich mach mich dann mal auf den Weg –
warum und wohin

»Ich mach mich dann mal auf den Weg«, sagte ich zu der versammelten Mannschaft bei dem Abschiedsfest in meiner Firma kurz vor Weihnachten, zu dem ich eingeladen hatte. Es traf sich gut, denn es war zeitgleich mein Abschied für maximal ein halbes Jahr Auszeit, die ich mit meinem Arbeitgeber vereinbaren konnte, ohne meinen Job zu verlieren. Maximal ein halbes Sabbatjahr, vielleicht auch nur drei Monate, wollte ich mir gönnen, um einiges in meinem Leben zu klären und – falls ich doch früher sterben sollte als erhofft – nicht irgendwann sagen zu müssen: »Hättest du doch …« In den letzten Jahren war eine ganze Menge passiert, um mich nachdenklich zu machen und den Faktor Zeit als Begrenzung und nicht als Ewigkeit zu begreifen. Seit Längerem wurde ich den Eindruck nicht mehr los, ich befände mich in dem berühmten Hamsterrad und, egal wie lange ich auch träte, ich käme weder vom Fleck noch machte das Ganze einen Sinn – ganz ähnlich einem Schiffbrüchigen, bei dem es egal ist, in welche Richtung er schwimmt. Es fehlte der Kompass und das Ziel blieb im Unbekannten. Vielleicht war da ein Problem tief in mir, das weder mit gängiger Analyse der Psyche noch durch Gespräche oder Beratung zu entdecken war, das sich aber unerkannt durch mein ganzes bisheriges Leben zog und zuverlässig wie ein Gummiball immer wieder hochpoppte.

Inzwischen saß ich allerdings in einer Maschine der Thai Airways auf dem Flug nach Bangkok und hing meinen Gedanken nach, wie es dazu gekommen war, dass ich diesen Flug nach Asien gebucht hatte – und nicht in irgendeine andere Gegend dieser Welt. Der Grund dafür war nachvollziehbar: Um Stress abzubauen, hatte man mir schon vor Jahren Yoga und Meditationsübungen empfohlen. Da die Wirkung nicht ganz ausblieb, war ich neugierig geworden und hatte mich weiter mit östlichen Sichtweisen, namentlich der Philosophie der Buddhisten, beschäftigt. Inzwischen hatte ich ungefähr einen Meter entsprechende Literatur in meinem Bücherschrank, einiges davon empfand ich als neue und durchwegs interessante Weisheiten, anderes als ziemlich seichtes Geschwätz voll hehrer Sprüche, vieles schwer lesbar, weil obendrein staubtrocken geschrieben. Das Positive überwog jedoch und war genug, um mich neugierig zu machen. Zusätzlich waren da verschiedene Geschäftsreisen nach Indien, Sri Lanka, China und auch nach Bangkok, sowie ein paar Urlaube in Thailand, zusammen mit meiner damals noch intakten Familie, gewesen, die mir das Land und seine Menschen näher gebracht hatten. Asien war mir also nicht ganz fremd. Von allen fernöstlichen Ländern hatte mich Japan mit seiner teils strengen buddhistischen Kultur am wenigsten, Thailand am meisten fasziniert. Dies lag an seiner einmaligen Kombination aus Klima, Vegetation, praktizierter Religiosität und den offenen, herzlichen Menschen. Außer vielfältigen Angeboten für erholsame Urlaubstage gab es dort die Möglichkeit, in einigen Klöstern und Meditationszentren tiefer in die dort gelebte Philosophie einzusteigen, als dies über Bücher oder Lehrer in Deutschland, Europa oder auch in den USA möglich gewesen wäre. »Willst du wirklich etwas lernen, geh zum Schmied und nicht zum Schmiedchen, versuche, möglichst nahe zum Original und nicht zur Kopie zu gehen«, ist eine meiner Überzeugungen – und so hatte ich mich nach einigem Suchen für das Kloster Wat[1] Suan Mokkh im Süden des Landes entschieden, zu dem eine, wie es hieß, *International Dhamma Hermitage*, ein Meditationszentrum, gehörte. Beginnend mit jedem ersten Tag eines Monats fänden dort zehntägige *Retreats* statt, hatte ich herausgefunden, was übersetzt so viel wie Rückzug, Einhalt, Nachdenken, Belehrungen und Meditation bedeutet. Dabei, so muss ich anmerken, bin ich alles andere als ein esoterischer oder auch religiöser Mensch. Eher, im Gegenteil, ein Skeptiker, einer, der hinterfragt, was man ihm vorsetzt; auf keinen Fall jemand, der einen Guru oder Erleuchteten sucht, der weise Sprüche klopft und ihm sagt, wo's lang geht. Ich hatte andere Gründe, die etwas mit dem Bedürfnis nach Abstand, mit Innehalten, mit der Suche nach neuen Impulsen zu tun hatten.

1 Wat ist Thai für Kloster

Inzwischen hatte ich noch genau vier Tage Zeit, um rechtzeitig zum Beginn des nächsten Retreats dorthin zu gelangen. Ich brauchte dringend Distanz zu meinem momentanen Leben und die geistige Freiheit, um mir zu überlegen, ob ich danach wieder den alten Faden aufnehmen wollte oder ganz andere und neue Wege einschlagen würde. Ein gesundes Maß an Selbstvertrauen und die Offenheit meiner Firma erlaubten mir, diesen Weg – mit ungewissem Ende – zu gehen. Ich war bereit und freute mich auf das, was vor mir liegen würde.

Nachdenken über das Leben

Der erste wirkliche Anlass, über mein Leben etwas intensiver nachzudenken, lag etwa zehn Jahre zurück. Damals sollte mein Vater in Rente gehen. Er war knapp dreiundsechzig, als seine Firma, ein deutscher Automobilhersteller, ihm das verlockende Angebot machte, vorzeitig sein Berufsleben beenden zu können. Das Gehalt sollte bis zum Erreichen des regulären Rentenalters mit fünfundachtzig Prozent weiterlaufen und obendrein gab es eine Abfindung von einem ganzen Jahresgehalt. Zu gut, um Nein zu sagen. Er und meine Mutter hatten noch eine Menge Pläne, sie wollten zunächst die Welt bereisen und dann in Ruhe auf sich zukommen lassen, was das Leben bringen würde. Das Haus war abbezahlt und wir Kinder – mein Bruder und ich – hatten beide Berufe die, wie man so dahinsagt, ihren Mann ernähren. Ich selbst war, nach einigem Hin und Her, Betriebswirt geworden. Frank, mein Bruder, hatte Jura studiert und eine eigene, recht gut gehende Kanzlei. Die Alten mussten sich um uns wenig Sorgen machen, wir lebten unser eigenes Leben. So wurde vom Vater ein mittelgroßes Wohnmobil angeschafft, vor die Garage ein Carport gesetzt, die Reisepläne verfeinert, es konnte losgehen. Im Prinzip. Denn dann setzten bei der Mutter urplötzlich Schmerzen im oberen Bauch ein, ihre Hautfarbe wurde fahl und gelblich, die Diagnose war gnadenlos: Krebs der Bauchspeicheldrüse. Ein sicheres Todesurteil, dessen Inkrafttreten nur eine Frage von ein bis maximal drei Jahren war. Es dauerte dann genau vierzehn Monate. Ihre letzten Worte waren: »Das Leben ist verdammt kurz« und dann

ein nur noch gehauchtes »Schluss. Ende«, bevor sie endgültig in den tiefen Schlaf mit der großen Dunkelheit versank. Das Wohnmobil stand zwei Jahre später immer noch fahrbereit an seinem Platz und wartete auf das große Abenteuer. Unser Vater, mittlerweile vom viel beschäftigten Abteilungsleiter
mit interessanten Aufgaben zum alleinstehenden Rentner ohne Ziel und Inhalt mutiert, war durch diesen unersetzlichen Verlust vorzeitig Zeit gealtert, als ihn ein plötzlicher Schlaganfall heimsuchte. Er hatte im Garten gearbeitet, ein Nachbar fand ihn tot im Blumenbeet. So hatte ich die Endlichkeit des Lebens und auch die Plötzlichkeit, mit der sie uns treffen kann, hautnah erfahren müssen. Diese Ereignisse blieben eine nachhaltige Lektion.

Das alles lag ziemlich genau zehn Jahre zurück. Ich selbst hatte inzwischen geglaubt, die richtige Frau für ein ganzes Leben gefunden zu haben und geheiratet, durfte einer wunderbaren Tochter das Leben schenken. Beruflich war ich für den Zentralvertrieb einer sogenannten Weltfirma im Bereich von Zellstoffwaren verantwortlich. Wir stellten in einer Reihe von Ländern auf verschiedenen Kontinenten im Wesentlichen Windeln, Papiertaschentücher, Toilettenpapier, Küchenkrepp und Servietten her. Mit leichtem Schaudern stellte ich jeden Tag erneut fest, welch unglaubliche Mengen von dem Zeugs automatisch von den Bändern rollten, verpackt, beschriftet und dann an die Kunden verschickt wurden. Zu meinem Job gehörte es, genau zu beobachten, wie sich die Geburtenraten in den verschiedensten Ländern veränderten, denn dies bedeutete entsprechend mehr oder weniger Bedarf an Windeln. Gut für die Firma war auch, dass es weltweit mehr und mehr Alte gab, die, ähnlich wie Babys, »undicht« waren und »gepampert« werden mussten. »Gepampert«, ein Begriff, der sich eingebürgert hatte, ähnlich wie googeln, der aber zu unserem Missfallen nicht zu uns, sondern zu unserem härtesten Konkurrenten gehörte. Wir waren die Firma Zello, und kein Mensch wurde mehr in Tücher gewickelt, sondern gepampert, doch leider nicht »gezellot«. Mit Taschentüchern verhielt es sich analog, auch hier hatte sich der Name eines Wettbewerbers verfestigt, man schnäuzte in ein »Tempo« und nicht in ein Papiertaschentuch, dem ich persönlich den Namen »Schneuzi« gegeben hätte, was aber keineswegs international genug klang. Egal – wir hatten unsere eigene Nische mit der Marke Zello sowie im sogenannten No-Name-Bereich, in dem wir verschiedenste Kunden in der ganzen Welt belieferten. Damit konnten wir recht gut leben. Die Übergangszeiten und der Winter, besonders während Grippewellen, waren für die letztgenannte Produktgruppe ziemlich positiv, denn dann wurde eifrig geschnieft und geschnäuzt – und damit das Geschäft ganz von selbst angekurbelt. Auch die Heuschnupfensaison ließ den Umsatz steigen – bzw. durch die Verschiebung der Jahreszeiten auf der Nord- und Südhalbkugel garantierten sie einen regelmäßigen Absatz. Toilettenpapier, Küchenrollen und Servietten liefen konstant, aber sie unterlagen einem enormen Preisdruck, denn der Wettbewerb war auf allen Kontinenten riesig, die Fertigungsstätten über die ganze Welt verteilt. Insgesamt ein ziemlich regelmäßiges, aber auch nerviges Geschäft! Häufig wachte ich nachts aus Träumen auf, in denen Taschentücher oder Klopapier die Bänder verstopften, weil nicht genügend davon zu den Händlern abfloss. Und ich war der Idiot, der mit seinen Umsatzprognosen dafür verantwortlich war. Dazu war ich weltweit unterwegs, verhandelte mit Lebensmittelmärkten, Drogerieketten und Großhändlern, denn die Bänder liefen automatisch und ständig wurden neue angeschafft, damit wir den Wachstums- und Gewinnerwartungen unserer Aktionäre sowie besonders schlauer Analysten gerecht wurden.

Arbeit immer größer, Leben immer kleiner

So musste ich miterleben, wie die Arbeit immer mehr und größer geworden war und das private Leben immer weniger und kleiner. Worunter auch die Ehe litt. Vor inzwischen einem Jahr hatte mich meine Frau verlassen und die gemeinsame Tochter mitgenommen. Denn der Mann hatte für sein Zuhause eh keine Zeit, war nur noch unterwegs und mehr mit seiner Firma verheiratet als mit seiner Familie. So jedenfalls der nicht ganz falsche Vorwurf meiner Partnerin. Außerdem meinte Katrin, meine Ehefrau, auch sie möchte sich wieder mehr ihrem eigenen Beruf als

Kinderpsychologin und nicht nur dem Leben ihres Mannes widmen. Aus einem gemütlichen Haus, das verkauft wurde, entstanden stattdessen zwei Wohnungen, beide nicht sonderlich warm, und besonders die meine ziemlich leer und auch nicht sehr heimatlich. Inzwischen hatte ich, mit dreiundvierzig, das schöne Alter der ungefähren Lebensmitte erreicht.

Möglicherweise hätte es noch ewig so weitergehen können. Vielleicht bis zu meinem Eintritt in die Rente – vielleicht auch nicht. Tatsächlich dauerte es nicht sehr lange, bis der Arzt mir einen viel zu hohen Blutdruck und stressbedingte Schlafstörungen attestierte und mir riet, eine Auszeit oder zumindest einen längeren Urlaub zu nehmen. Doch ich, Thomas Wichtig beziehungsweise Thomas Unersetzlich – mit eigentlichem Namen Thomas Schmidt – machte weiter. Waren da doch über vierzig Mitarbeiter, die mich brauchten, so meinte ich wenigstens, und ganz wichtige Projekte, von denen ich glaubte, dass nur ich sie anschieben könnte. Bis zu dem Tag, an dem ein relativ überschaubarer Vorfall das Fass zum Überlaufen brachte. Ein großer Kunde war abgesprungen, ich wurde zum Vorstand geladen. Ich erklärte, ich rechtfertigte – und plötzlich riss ein Faden. Ich fing hemmungslos an zu weinen, alles brach auf einmal aus mir heraus. Schließlich kam der Werksarzt und verpasste mir eine Beruhigungsspritze. Ein Burnout wurde diagnostiziert und mir der Rat erteilt, für mindestens vier Wochen eine Klinik im Odenwald, Spezialgebiet »entsprechende Fälle«, aufzusuchen. Mein Hausarzt, ein erfahrener Mann von Mitte fünfzig, ergänzte die Diagnose: »Wenn Sie so weitermachen, gehen Sie den Weg Ihres Vaters und Ihrer Mutter, die ja auch nicht so alt geworden sind« und empfahl mir einen stationären Aufenthalt in einer Klinik mit dem schönen Namen »Haus Mittlerer Weg« und dem Zusatztitel »psychosomatische Erkrankungen, Stress- und Angstsymptome, Burnout«. Meine erste Reaktion war: »Wollen die mich jetzt gleich in die Klapse schicken, nur weil ich einen leichten Aussetzer hatte?« – und spontan sträubte sich in mir so ziemlich jede Faser meines Körpers und auch die meines Geistes. Ich erbat mir ein paar Tage des Nachdenkens und wollte zunächst noch etwas an Informationen über psychosomatische Kliniken insgesamt und über das Haus Mittlerer Weg im Besonderen sammeln, bevor ich zu- oder absagte.

Ich sagte ab. Es lag nicht an dieser oder einer anderen Klinik, sondern schlicht und einfach daran, dass ich glaubte, mit vier oder sechs Wochen sei es nicht getan. Durch den Beruf meiner Frau als Kinderpsychologin war es nicht ganz ausgeblieben, dass ich mich schon vorher, allerdings im überschaubaren Rahmen, mit westlicher Psychologie und Therapien auseinandergesetzt hatte. Ich glaubte, einen anderen Ansatz finden zu müssen, wollte richtig Pause machen, neue Wege erkunden, mit einem längeren Ende und eventuell einem neuen Anfang. Zu viele Fragen waren in den letzten Jahren aufgetaucht, für die ich Antworten in mir selbst suchte, und ich bezweifelte, dass ich diese im hiesigen Umfeld finden könnte und inwiefern eine westlich geprägte Therapie dazu überhaupt in der Lage wäre. Bei westlichen Philosophen, seien es Schopenhauer oder Nietzsche, war mir aufgefallen, dass sie zwar ganz brauchbare Weisheiten verbreiteten, ihr eigenes Leben aber selbst nicht im Griff hatten. Zeitgenössische Universitätsprofessoren aus dieser Branche schienen mir ebenso nie als leuchtende Beispiele. »Theorie gut, Umsetzung schlecht«, musste ich zu meiner Enttäuschung feststellen. Psychotherapeuten, die ich in nicht unerheblicher Zahl aus dem Umfeld meiner Frau kannte, hatten mich weder mit ihrer tatsächlich praktizierten Lebensweise noch durch eine Ausstrahlung von der Zufriedenheit sonderlich überzeugt. Östliche Lehrer – mir fällt der Begriff »Weise« etwas schwer – sei es der Dalai Lama, eine Ayya Khema oder auch andere, schätzte ich dagegen so ein, dass sie lebten, was sie predigten. Meistens jedenfalls. Auch ein Tiziano Terzani, dieser große Sucher, hatte mich mit seinen Büchern neugierig gemacht. Vielleicht unterlag ich einer Illusion, da auch diese Personen nur Menschen sind oder waren, aber ich war bereit, mich auf etwas Neues einzulassen. Verschiedene Schriften von buddhistischen Lehrern hatten mich schon seit geraumer Zeit beschäftigt. Die wiederholte Aussage, dass es sich beim Buddhismus um die klassische Lehre über die Funktionen des Geistes und des Bewusstseins handelt, dass er sich stärker als andere Religionen – oder auch Philosophien – mit den Ursachen und Abläufen der Denkprozesse beschäftigt, führte zu meiner Entscheidung, dass ich an die Quelle des Ursprungs dieser Sichtweisen gehen wollte: nach Asien. Und dies für eine längere Zeitspanne als das, was man unter normalen Urlaub versteht. Irgendetwas, so mein tiefes Gefühl, stimmte mit meinem bisherigen Leben nicht mehr. Es war Zeit, irgendwo in der gefühlten Mitte des Lebens innezuhalten, Abstand zu nehmen und Bilanz zu ziehen, in der Hoffnung, einen positiven Neustart für die zweite Hälfte entwickeln zu können.

Eine Chance, keine Niederlage

Dazu wollte ich mir nun also eine längere Auszeit nehmen, maximal ein halbes Sabbatjahr, mindestens jedoch drei Monate. Nach einigem Verhandeln hatte meine Firma mir dazu die Tür geöffnet – und ich war bereit hindurchzugehen. Nachdem man mir versichert hatte, dass man mich behalten wolle, weil man mit meiner Arbeit stets zufrieden war, und dass daher mein Job – wenn vielleicht auch nicht derselbe – nicht gefährdet sei, hatte ich zugegriffen. Ich sah diese kommende Phase der Regeneration und der Reflexion als Chance und nicht als Niederlage.

Bei einigen Kollegen oder anderen Personen im beruflichen Umfeld spürte ich durchaus eine ehrliche Neugier bezüglich des Ausgangs meines Experiments und – wie man mir verschiedentlich sagte – sogar Bewunderung für meinen Mut, diesen Schritt zu gehen. So hatte ich mich zunächst gedanklich, dann tatsächlich auf den Weg gemacht. Wo dieser genau hinführen würde, an welches Ziel, ahnte ich zu diesem Zeitpunkt noch nicht. Ich hatte beschlossen, offen zu sein. Nach einiger Recherche über das Wohin fand ich im Internet das Meditationszentrum beim Wat Suan Mokkh in Thailand, das zehntägige Retreats in englischer Sprache anbot, beginnend zum jeweiligen ersten eines Monats. Und so saß ich zum Jahresende schließlich im Flieger nach Bangkok und nicht in einer Klinik im Odenwald.

Vom Tropenstrand zur Einzelzelle

Pünktlich landete der Airbus am Ziel mit dem exotisch klingenden Namen Bangkok Suvarnabhumi Airport. Es war dort sechs Uhr morgens und damit sechs Stunden vor unserer mitteleuropäischen Zeit, also eigentlich zur Mitternacht in Deutschland. Also wahlweise Zeit, um ins Bett zu gehen oder zum Frühstück. Die Entscheidung war klar, denn ich hatte mich schon vorher für den Weiterflug nach Surat Thani, einer Stadt weiter im Süden entschieden, von wo aus ich ein Taxi ins eineinhalb Stunden entfernte Kloster nehmen sollte. Nachdem die zehntägigen Meditationskurse dort immer zum ersten Tag des jeweiligen Monats begannen und die Teilnehmer sich erst am Vorabend dort einzufinden hatten, blieben mir noch ein paar Tage freie Zeit.

Als ich das Flughafengebäude in Surat Thani verlasse, betrete ich schlagartig eine andere Welt. In Frankfurt, dem Ausgangspunkt meiner Reise, hatte noch europäischer Winter samt Weihnachtstrubel geherrscht, dazwischen lagen klimatisierte Gebäude und künstlich beatmete Flugzeuge; hier aber, nur einen Tag Flugreise weiter, umfasst mich wie ein wohliger Bademantel die ganze Üppigkeit der Tropen mit ihrer schweren, feuchten Luft und der Wärme eines Treibhauses. Überall um mich herum wiegen sich Palmen in einem sanften Wind, Bougainvillea wächst in allen Farben von Weiß über verschiedene Schattierungen von Rot bis zu Lila- und Violetttönen. Ich sehe braune Menschen mit entspannten Gesichtern, die weder die Hektik noch die Unzufriedenheit von uns Europäern ausstrahlen, sondern eine ruhige Gelassenheit mit einem offensichtlich anderen System, einer andersartigen Ordnung als der unseren. Dazu diese Mischung verschiedenster Gerüche, von aphrodisierenden Parfüms gepaart mit den omnipräsenten Düften von Verwesung und Fäulnis, von diesem Leben und Sterben, die meine Nasenflügel sich unkontrolliert weiten und begierig diesen neuen Odem einziehen lassen. Schlagartig fühle ich mich hier wohl, spüre dabei in mir eine neue Kraft und Energie, bin irgendwo im Neuen angekommen – weg aus meiner alten, starr getakteten Welt, dafür eingetreten in eine neue Umgebung, in der die Uhren offensichtlich anders ticken als in unseren heimischen Breitengraden.

So suche ich mir nicht weit vom Ort eine ruhige, kleine Bungalowanlage am Strand des Golfs von Thailand mit Blick auf die Inseln Koh Samui und Koh Phangan. Sie trägt den einladenden Namen »Peace Bungalows«, die ich mithilfe meines Handys auf einem Hotelportal finde. Ganz ohne technische Ausstattung war ich dann doch nicht losgefahren, ich hatte mir allerdings vorgenommen, das Handy nur für wirkliche Notfälle einzusetzen, ansonsten aber ausgeschaltet zu lassen – was ich rückblickend ohne große Entzugserscheinungen auch tatsächlich gut gepackt habe. Die Begrüßung am Empfang ist sehr warmherzig. Eine etwas füllige, doch nicht unansehnliche Lady namens Sanya fragt mich, warum ich nicht über Silvester hinaus bliebe, es sei doch so schön hier, und am einunddreißigsten, sei am Strand jede Menge los und überall würden Partys gefeiert. Als ich ihr jedoch sage, was mein eigentliches Vorhaben ist, reagiert sie sofort mit Sympathie und erzählt, dass ich nicht der Erste und Einzige mit diesem Ziel sei, und rät mir, die Tage davor noch bewusst zu genießen. »Es wird sehr anders sein als hier bei uns«, meint sie, »ich war auch schon dort. In Thailand ist es ein sehr bekannter Ort, an den man zum Lernen und Meditieren geht. Ich habe schon einige Leute erlebt, die danach ganz anders wiederkamen.«

»Danach kann ich ja wiederkommen und dir erzählen, wie es für mich war«, sage ich.

»Wenn du jetzt erst mal etwas essen willst, kann ich dir unsere Tom-Yam-Suppe sehr empfehlen. Die macht unsere Köchin wirklich sehr lecker. Du musst mir nur sagen, ob du sie scharf, sehr scharf oder europäisch mild willst. Du kannst aber auch alles andere von der Karte haben. Ich bin sicher, es wird dir bei uns schmecken.«

Ich entscheide mich, ihrem Rat zu folgen, und bestelle eine *Tom Yam Pla* in der Variante mit Fisch, von dem ich annehme, dass er aus dem Meer vor meiner Nase kommt und frisch ist. Zur Suppe gehört eine mittelgroße Schale Reis, und ich gönne mir außerdem eine kleine Flasche Singha Beer. Was sie mir eine Viertelstunde später mit einem kurzem »*Enjoy*« auf den Tisch stellt, ist wahrhaftig eine Geschmackssymphonie verschiedener Gewürze, Kräuter und Aromen, mit kleinen Fischstücken, Garnelen, Tomaten und anderem Gemüse. Ich bin begeistert. Nachdem ich selbst gerne koche, frage ich nach dem Essen, ob sie mir das Rezept verraten würde. »*Yes, of course*«, höre ich zu meiner Überraschung und mehr noch: »Wenn du willst, kannst du in die Küche kommen und mithelfen, sie zu kochen, dann bist du sicher, dass es zu Hause genauso schmeckt.« Ein Angebot, dem ich schwerlich widerstehen kann.

Nach diesem netten Gespräch und mit angenehm gefülltem Magen schlafe ich erst einmal richtig aus, genieße den Zauber der tropischen Atmosphäre, die Wärme, die sanften Wellen des Meeres und den hiesigen ruhigen Gang des Lebens.

Eintrag in meinem Tagebuch

Es geht mir schlagartig besser. Die Tage zwischen Weihnachten und Neujahr lassen sich hier durchwegs angenehmer als zu Hause verbringen. Den Winter in Europa sehe ich als erledigt an. Nur die Moskitos können nerven!

I hope you can stay the entire time

Drei Tage später, genau am Silvestertag, bringt mich ein Taxi zum Wat Suan Mokkh, das ich mir als ersten Ort zur Inspirationsfindung ausgesucht habe. Ich unternehme mehrere Vorstöße, um mit dem Fahrer in ein Gespräch zu kommen, muss aber rasch einsehen, nachdem seine Englischkenntnisse sich im Höchstrahmen von zehn Wörtern bewegen und mein Thaiwortschatz noch deutlich darunter, dass es besser ist, ich halte die Klappe und betrachte nur die Landschaft, die an mir vorbeifliegt. Nach gut drei Stunden, es ist inzwischen später Nachmittag, erreichen wir endlich das Wat, etwas abseits der Straße und im Wald gelegen.

Am Tor empfängt mich ein Mönch, glatzköpfig wie alle buddhistischen Ordensmänner, bekleidet mit einer um die Schulter geschlungenen Safran-Kutte, die Füße in Badelatschen, und liefert mich beim Abt, Ajahn Poh ab, einem ehrwürdigen älteren Herrn von geschätzt Anfang sechzig. Er begrüßt mich mit einem thailändisch gefärbten, aber gut verständlichen Englisch, in dem es wie in Thai üblich, nur die Gegenwart und weder Zukunfts- noch Vergangenheitsformen gibt. »*Welcome! You come here for the ten day dhamma course – and you are sure, you don't want to celebrate the new year like the other tourists do at the beach?*«

»*No*«, sage ich, »das kann ich immer und überall feiern, ich will erst einmal Abstand haben und mich etwas tiefer in die Meditation einlassen und das, was ihr über die buddhistische Lehre zu erzählen habt. Dafür bin ich hier und habe Zeit. Silvester feiern kann ich wieder nächstes Jahr.«

»*Thank you*«, sagt er zu meiner Überraschung und: »*Very good*. Ein Mönch wird dir zeigen, wo du heute Nacht schlafen kannst und morgen, noch vor Sonnenaufgang, wirst du zusammen mit den anderen Teilnehmern in das International Dhamma Center, nicht weit von hier, gefahren. Zuerst habe ich aber noch einige Fragen an dich: die wichtigste zuerst. Was ist der Grund, warum du hierher, zu uns in dieses Kloster und Meditationszentrum kommst?«

»Ich brauche Distanz zu einigen Dingen, die in meinem Leben passiert sind, ich will Abstand gewinnen, in Ruhe über alles nachdenken, neue Impulse bekommen, um dann vielleicht« – das »vielleicht« ziehe ich fragend in die Länge und schaue ihm dabei tief in die Augen – »mit neuen Erkenntnissen da weiterzumachen, wo ich aufgehört habe oder möglicherweise auch etwas ganz Neues anzupacken.«

Er hält meinen Blick lange, so als ob er tief in meinem Inneren forschen würde, und setzt dann langsam an: »Viele Menschen kommen zu uns mit genau diesem Fragenkomplex – aus allen Ländern dieser Welt. Manche finden Antworten, manche nicht, einige brechen ihren Aufenthalt sogar frustriert ab, noch verzweifelter als vorher oder auch wütend. Für manche ist es sogar gefährlich, wenn sie in ihrem Inneren forschen und auf einmal mit Fragen konfrontiert werden, für die sie doch nicht die richtigen Antworten finden oder nur solche, für deren Umsetzung sie entweder zu bequem, zu ängstlich oder aus anderen Gründen dazu nicht in der Lage sind oder sein wollen. Es gibt Menschen, für die kann der Aufenthalt hier in eine Katastrophe münden, manche landen sogar in der Psychiatrie. Um es ganz deutlich zu sagen – dieses Retreat ist kein Psychoworkshop, sondern ein Meditationsseminar mit Belehrungen über buddhistische Sichtweisen. Nicht mehr und nicht weniger. Bitte überleg dir genau, ob du dazu bereit und psychisch in der Lage bist.«

Ich bin kurz nachdenklich, hatte ich doch erst vor Kurzem dieses Burnout erlebt. Die Wahl war eine psychosomatische Klinik oder eben dies hier, diese ganz andere Umgebung, die Begegnung mit neuen Menschen, mit Inputs, die ich zu Hause wahrscheinlich nicht bekommen könnte. Ein Zurück, jetzt, wo ich schon da war, die lange Reise auf mich genommen, Hoffnungen und auch Neugier mitgebracht hatte, kam für mich nicht infrage. *Nein, ich glaube, ich kann mehr gewinnen als verlieren*, fällt mir ein und so sage ich schließlich: »Ich finde es gut, dass du mich darauf hinweist, aber diese zehn Tage werde ich schon packen. Und wenn's doch zu eng wird«, ergänze ich, »dann kann ich mich ja tatsächlich verabschieden und früher gehen.«

»Es wäre gut, du machst die ganzen zehn Tage mit. Aber jetzt wünsche ich dir erst mal eine gute Zeit – *I hope you can stay the entire time* – und wenn es tatsächlich irgendwann in deinem Geist rumort und du nicht weiterkommst, dann melde dich am Empfang. Dann kannst du das Schweigen unterbrechen und mit einem unserer erfahrenen Mönche oder auch mit mir das direkte Gespräch suchen.« Dabei faltet er die Hände zum Gruß, wie bei einem christlichen Gebet und neigt den Kopf in meine Richtung. Ich mache es ihm nach, das Gespräch ist beendet. Wenig später wird mir gezeigt, wo ich die kommende Nacht verbringen kann.

Als ich die Massenunterkunft, eine große Hütte mit einem Dach aus Wellblech, sehe, muss ich vernehmlich schlucken. Da ist Platz für rund fünfzig Leute, und mein Bett für diese Nacht wird eine Hängematte sein. Die Bude ist bereits gut voll. Nur mit Männern. Die Frauen sind nebenan in einer vergleichbaren Hütte untergebracht. Ich bin erleichtert, dass diese Nacht nur sehr kurz sein wird. Vielleicht, so überlege ich, wäre es doch besser gewesen, ich hätte diese letzte Nacht noch in einem Hotel in der Nähe verbracht. Doch jetzt ist es, wie es ist. Vielleicht kommt ja noch etwas unerwartet Positives – und tatsächlich lässt es gar nicht lange auf sich warten.

Ein Amerikaner, mit dem ich ins Gespräch komme, meint: »Wir haben Glück. Dieses Retreat wird von zwei amerikanischen und einem englischen Mönch geleitet. Der erste, Tan Santikorn[2], war erst hier in Thailand im amerikanischen Peace Corps und dann noch zehn Jahre Schüler des berühmten Ajahn[3] Buddhadasa Bhikkhu[4], einem der bedeutendsten Lehrmeister des Theravada-Buddhismus, und die anderen beiden, Tan Sujiwo und Tan Dhammavit, sind ebenfalls hervorragende Lehrer. Ein weiterer erheblicher Vorteil ist«, fügt er breit grinsend hinzu, »dass du, wenn du einigermaßen gut Englisch sprichst, dabei jedes Wort verstehst. Bei thailändischen Mönchen, auch wenn sie brauchbar Englisch sprechen, musst du bei ihrem Akzent und dem Singsang sehr genau hinhören beziehungsweise es braucht Übung, damit du mitbekommst, um was es geht.« An diese Worte werde ich im Laufe der nächsten Monate noch öfter denken! Zunächst aber bin ich froh, dass Englisch so etwas wie meine zweite Muttersprache geworden ist – und werde wiederholt feststellen, dass dies die Dinge für mich erheblich leichter macht.

2 Tan = Ehrwürdiger (Mönch)
3 Ajahn ist die Bezeichnung für den Abt eines buddhistischen Klosters, auch »Lehrer« oder »Meister«
4 Bhikkhu ist ein buddhistischer Mönch

TEIL 2

Buddha Talk

Der erste Tag

Es ist noch deutlich vor dem Morgengrauen, als ein lauter Gong ertönt, der uns weckt. Ich weiß nicht, wann ich eingeschlafen bin, zu kurz war die Nacht auf jeden Fall. Auf der Pritsche eines kleinen Lastwagens geht es auf einer staubigen Lehmstraße ins nahe gelegene, sehr ruhige Dhamma Center, einer ehemaligen Palmenplantage, die dem Kloster zum Zweck der Verbreitung des Buddhismus und seiner Lehre gestiftet wurde. Dort werden wir erst namentlich registriert, dann muss jeder versichern, dass er/sie weder physisch noch psychisch krank ist, keine Drogen nimmt, für die Dauer des Retreats auf sexuelle Handlungen verzichtet, und wird schließlich gebeten – für manche nicht ganz einfach – ihr/sein Mobiltelefon abzugeben. Im Anschluss erhalten wir eine kurze mündliche Einführung, werden noch mal darauf hingewiesen, dass das gesamte zehntägige Programm mit Ausnahme des letzten Tags im Schweigen seitens der Teilnehmer abläuft, es jedoch Zeiten zum Fragenstellen geben wird. Dazu gibt es einen Zettel mit dem Tagesablauf – der wie folgt aussieht:

Daily Schedule (Tagesablauf)

Zeit	Aktivität
04:00 Uhr	Wecken
04:30 Uhr	Belehrung zum Buddhismus
04:45 Uhr	Sitzmeditation mit Anleitung
05:15 Uhr	Yoga / Thai-Chi / Dehnübungen
07:00 Uhr	Dhamma-Vortrag, gefolgt von Sitzmeditation
08:00 Uhr	Frühstück, gefolgt von Arbeitsmeditation
10:00 Uhr	Dhamma-Vortrag

11:00 Uhr	Gehmeditation
11:40 Uhr	Sitzmeditation
12:00 Uhr	Mittagessen, danach Arbeitsmeditation, Mittagspause
14:30 Uhr	Sitzmeditation mit Anleitung
15:10 Uhr	Geh- oder Stehmeditation
15:45 Uhr	Sitzmeditation
16:45 Uhr	Geh- oder Stehmeditation
17:00 Uhr	Gemeinsames Singen und Rezitieren buddhistischer Texte
18:00 Uhr	Tea Time, Zeit zur Reflexion
19:00 Uhr	Dhamma-Vortrag
20:10 Uhr	Sitzmeditation mit Anleitung
21:00 Uhr	Ende des Tages
21:30 Uhr	Schließen der Tore und Licht aus

Danach wird jedem von uns, säuberlich nach Mann und Frau getrennt in zwei unterschiedlichen Häuserblockzeilen, eine Zelle zugewiesen. Das Wort Zelle ist dabei wörtlich zu nehmen. Mir, der nicht bei der Bundeswehr war, geschweige denn einen Gefängnistrakt von innen gesehen hat, fallen sofort die Worte »Straflager« und »Fremdenlegion« ein, denn alles, was ich je darüber gelesen habe, in Verbindung mit der tropischen Umgebung passt perfekt dazu. Gleichzeitig ist mir durchaus klar, dass ich kein Fünf-Sterne-Hotel gebucht habe, sondern hier bin, um genau von dieser komfortablen, mir sehr wohl bekannten Welt und ihren Umständen Abstand zu bekommen, um auf andere Ideen und zu neuen Sichtweisen zu gelangen und schließlich irgendwann, irgendwo – möglicherweise – meine Pfade in eine andere Richtung lenken zu können. Dieses »möglicherweise« ist eine mir vertraute geistige Hintertür, die ich brauche, um nicht in Zugzwang zu kommen, eine Sache oder Entscheidung nur um ihrer selbst willen durchzuziehen, falls ich irgendwann unterwegs erkennen sollte, dass es sich vielleicht doch nur um einen sogenannten Holzweg handelt. Da hat sich nämlich schon seit langer Zeit diese Weisheit des I-Ging in mir verfestigt, die meine Schwiegermutter am Tag unse-

rer Hochzeit zufällig zog: »Man muss auch umkehren können.«
Daran klammere ich mich jetzt fest und sage mir: Ich bin ein freier
Mensch und kann jederzeit die Reißleine ziehen. Und reduzieren,
so glaube ich, ist erst mal ein guter Weg, um inneren Ballast abzu-
werfen. Durch Reduktion zur Klarheit – hoffe ich!

Reduziert auf wenig

Die nächste Herausforderung folgt auf dem Fuß, als ich die Tür
zu meiner Zelle öffne und diese betrachte. Sie ist wahrhaftig kein
Luxuszimmer! Was ich sehe, ist etwa zweieinhalb Meter breit und
drei Meter lang. Das Fenster besteht aus einer mit Eisenstäben
vergitterten Öffnung in der Mauer. Dafür gibt es an der Holztür
meiner Zelle ein Vorhängeschloss, sodass ich sie – zu meiner Erleichterung! – wenigstens selbst auf- und abschließen kann. Die
Möblierung, die keine ist, besteht aus einer gemauerten Pritsche
mit einer dünnen Reismatte als »Matratze«, darüber ein vier-
eckiges Moskitonetz, und quer durch den Raum ist eine Wäsche-
leine gespannt, die zugleich als Schrank zu dienen hat. Ich bin
heilfroh, als umsichtiger Mensch eine aufblasbare Matte, ein kleines Kissen und einen Seidenschlafsack eingepackt zu haben. Der
gesamte Gebäudekomplex mit seinen Einzelzellen hat die Form
eines geschlossenen Rechtecks, in dessen Mitte sich eine größere
Rasenfläche befindet. Mehrere gemeinschaftliche Waschgelegen-
heiten und -toiletten nach asiatischem Minimalstandard befin-
den sich am Kopfende des Gebäudetrakts, dem gegenüber liegt
das Eingangstor aus schwerem Holz.

Als ich diese »Reduktion total« sehe, spüre ich, wie mein
Herz in Richtung Hosentasche rast, mein Hals wird trocken und
ich muss deutlich schlucken. Mein Geist meldet spontan: »Willst
du das wirklich auf dich nehmen?«, schiebt ein »Warum?« nach
und gleich hinterher die Frage: »Für welche Sünden soll ich hier
eigentlich Buße tun?« – aber noch bin ich fest entschlossen. Ich
denke an die Fragen des Abts vom Vorabend und was ich ihm ge-
antwortet habe. Und obwohl nun hier, am Ort des Geschehens,
doch die ersten Widerstände in mir spüre, meldet mein Verstand
ein klares »Ja« und mein Wille sagt: »*Do it!*«

Inzwischen ist es gegen sieben Uhr und der Tag beginnt gemäß dem festgelegten Ablauf, ausnahmsweise nicht um 4:30 Uhr wie an allen Folgetagen. Wir treffen uns in der großen Meditation Hall, die für gut hundert Menschen ausgebaut ist, zum ersten *Dhamma Talk*. Heute wird es eine erste Einführung zur Meditation durch den englischen Mönch Tan Dhammavit geben, der sich kurz vorstellt und dann damit beginnt, die sogenannte *Anapanasati-Meditation* zu erklären.

Die nach allen Seiten offene, rechteckige Meditationshalle ist, wie die gesamte Anlage, gesäumt von hohen Kokospalmen; auf der Stirnseite befindet sich eine kleine Empore mit Sitzkissen für die Mönche, den Abt oder andere Lehrer, doch nirgendwo sehe ich eine Buddha-Statue, wie sie sonst überall in thailändischen Tempelanlagen üblich sind – und nicht nur dort. Hinter der Halle liegt ein kleiner Teich, in dem einige Frösche mit ihrem Quakkonzert regelmäßig die sonst recht ruhige Atmosphäre beleben. In den folgenden Tagen, wenn sich die Meditationsübungen für mein Empfinden immer wieder endlos hinziehen, freue ich mich heimlich über ihr Gezeter, das den Geist ablenkt, die angenehme Brise und das gleichmäßige Rauschen der umliegenden Kokospalmen.

Gemischtes Publikum

Ich lasse meinen Blick schweifen und mustere die Gesichter der hier versammelten Schar von etwa hundert Leuten im Alter von Mitte zwanzig bis deutlich in die sechzig mit einem Schwerpunkt so im Bereich Mitte dreißig bis Mitte vierzig. Mit wenigen Ausnahmen vermerke ich fast nur hellhäutige, nicht gerade uninteressante Gesichter europäischen Ursprungs, wobei sich später herausstellt, dass so ziemlich die gesamte Welt hier vertreten ist – bei einem erstaunlich ausgewogenen Verhältnis von Männern und Frauen. Asiaten sind hier in der Minderheit, da es diese Retreats auch in der thailändischen Landessprache gibt.

Jeder Teilnehmer sucht sich als Erstes eines der bereitliegenden Meditationskissen. Für diejenigen, die sich mit der Haltung mit verschränkten Beinen schwertun, gibt es ein paar kleine

Bänkchen und sogar wenige Stühle – und ich bemerke, wie die Plätze an den Säulen schnell belegt sind, weil man sich da offensichtlich bequem anlehnen kann.

Nach dem ersten Schock im Wohntrakt bin ich erleichtert, als ich dieses sehr gemischte Publikum sehe. Offenbar bin ich nicht der Einzige, der sich freiwillig in eine Betonzelle begibt, um sich zehn Tage lang mit einer Plastikschale zu duschen, nur zwei Mahlzeiten am Tag einzunehmen, zweihundertvierzig lange Stunden nichts oder nur sehr selten zu reden, sich früh um vier Uhr wecken zu lassen, allen möglichen Belehrungen und Übungen zu unterziehen und spätestens gegen neun Uhr abends Uhr todmüde auf einer äußerst harten und unbequemen Zementpritsche den dann sicherlich wohlverdienten Schlaf zu finden. Meine vorher kurz aufgeblitzte Befürchtung, dass ich möglicherweise doch einer blödsinnigen Idee gefolgt und mich auf einen Holzweg begeben habe, ist nach diesen ersten Eindrücken in der Meditationshalle einer belebenden Neugier gewichen, die da sagt: »Lass es auf dich zukommen und schau, was draus wird.«

Bhavana: Mental Development zum Erkennen des Wesentlichen

Tan Dhammavit, der Mönch, der uns von nun an in vielen Stunden erklären wird, was regelmäßige Meditation bringen kann, welche Methoden es gibt und wie man sie ausführt, stellt sich kurz vor. Er hatte bereits einige Jahre als braver Angestellter bei der britischen Post hinter sich, als ihm bewusst wurde, dass er – wenn sich nichts ändern würde – dort sein ganzes Leben verbringen würde, ohne, so seine Worte, gelebt zu haben. Er kam ins Grübeln darüber, »if this should be all«, und beschloss, dem »Hippie-Trail« durch Asien zu folgen. In Indien blieb er kurz bei Osho hängen, der damals noch Bhagwan hieß, reiste weiter nach Dharamsala, in die Nähe des Dalai Lama, dann nach Nepal, später nach Sri Lanka, befasste sich dort eingehender mit dem Buddhismus, und landete schließlich in Thailand. In verschiedenen Waldklöstern, darunter beim berühmten Ajahn Chah, studierte er die entsprechende Philosophie und Lehre, um letztlich hier, im Wat Suan Mokkh, zu bleiben. Sein Lebenslauf, so wie er ihn schildert, beeindruckt mich, beinhaltet er doch exakt einige der Gedanken und Zweifel, die auch mich schon geplagt haben, nur: Der Mann hat sich auf den Weg gemacht, ist wahrscheinlich immer noch unterwegs, während ich erst einen handfesten Burnout erleben musste, um nun am Anfang einer Suche zu stehen, von der ich nicht im Geringsten weiß, wohin sie mich führen wird und ob dieser Pfad überhaupt der richtige Einstieg zu neuen Erkenntnissen ist.

»*Bhavana, a Pali word*«, so beginnt er das eigentliche Thema in wunderschönem, britischem Englisch, »*means cultivating the mind*«, so etwas wie den Geist entwickeln, reinigen, ihn in die Lage versetzen, zu erkennen, was wirklich ist und was abläuft. »*What really is*«, fügt er hinzu. Dazu ist Meditation das Werkzeug, um den Geist zu beruhigen, die Achtsamkeit auf das zu lenken zu können, was im Geist und im Körper vorgeht, um schließlich »das Ding an sich« zu erkennen, nämlich das Wesentliche. Meditation ist also nichts anderes als den Geist zu entwickeln, ihn zu beobachten, zu schärfen. Dabei benutzt er wiederholt den englischen Ausdruck *mental development*, was, wie ich finde, ein einprägsamer Begriff ist.

Anapanasati-Meditation: Achtsamkeit auf den Atem

Er fährt fort: »Bei der *Anapanasati-Meditation*, übrigens die Form von Meditation, die schon Buddha selbst praktiziert und gelehrt hat, geht es alleine darum, die Achtsamkeit auf den Atem zu richten. Aber bevor ich damit fortfahre, will ich euch kurz die Körperhaltung erklären, die man zu dieser Meditation einnehmen soll. Über andere Arten der Meditation, wie zum Beispiel Geh- oder auch Stehmeditation, reden wir später.«

Ich, der schon seit einiger Zeit zu Hause unregelmäßig meditiert, hatte mir gleich zu Beginn dieser Session eines der rechteckigen, weder zu harten noch zu weichen Kissen ausgesucht und die Sitzhaltung eingenommen, die der Meister gleich beschreibt. Da bereits einiges an Zeit mit den anfänglichen Erläuterungen verstrichen ist, spüre ich schon jetzt meine Knie und versuche ihnen durch einige Streckübungen etwas Entlastung zu verschaffen, damit das Blut wieder normal zirkulieren kann. Wie ich mit Blick nach links und rechts und einiger Erleichterung bemerke, bin ich nicht der Einzige, der nach den Vorreden bereits sichtbar körperliche Entspannung sucht. Noch scheinen nur die allerwenigsten an diesem Ort genügend trainiert zu sein, um eine halbe Stunde und länger in ein und derselben Haltung ausharren zu können. Da ich nicht reden darf, nehme ich Blickkontakt mit einem sichtlich unruhigen Teilnehmer in meiner unmittelbaren Nähe auf und signalisiere ihm durch Massagebewegungen an meinen Beinen mein Mitgefühl. Er nickt mit dem Kopf und schickt ein verständnisvolles, leichtes Lächeln zurück. Ich vermerke: Man kann auch ganz gut miteinander kommunizieren, ohne dabei den Mund aufzumachen.

Verschiedene Meditationshaltungen

Unser Meister fährt fort: »Es gibt verschiedene Meditationsmethoden und dabei auch unterschiedliche Körperhaltungen. Zu der Meditation, die wir hier am häufigsten praktizieren, nehmt ihr eine Haltung, am besten mit verschränkten Beinen, wie beim sogenannten Schneidersitz ein. Dabei ist es erleichternd, mit dem Po auf einem Kissen zu sitzen und – wer kann – dabei die Außenseiten der Knie auf dem Boden abzulegen. Dabei nehmt ihr automatisch eine ziemlich gerade Haltung ein, die insgesamt entspannend wirkt. Wer mit dieser Haltung, dem sogenannten Lotossitz, oder mit den Knien Probleme hat, der kann eines der Bänkchen benutzen und sich so daraufsetzen, dass die Schienbeine auf dem Boden liegen. Und wer weder das eine noch das andere kann, der darf sich auch mit geradem Rücken, ohne sich anzulehnen, auf einen Stuhl setzen und die Hände so in den Schoß oder auf die Knie legen, dass diese möglichst bequem liegen und nicht stören. Eine besondere Finger- oder Handhaltung in der Form, dass die Hände mit den Handflächen nach oben liegen und die Daumen die Zeigefinger berühren oder dass sich beide Daumen und die jeweils anderen vier Finger berühren und dabei so etwas wie ein offenes O formen, könnt ihr ausführen, wenn es für euch bequem ist oder wenn ihr glaubt, dass es Sinn macht, es ist aber grundsätzlich nicht erforderlich. Ihr könnt die Hände auf den Knien offen nach oben halten oder auch ganz einfach mit den Handflächen nach unten auf den Knien ablegen. Viele dieser Haltungen der Hände und Finger kommen aus Indien oder auch aus Tibet, wo der Buddhismus sehr viel mystischer praktiziert wird als im Theravada-Buddhismus, wie er in Thailand und anderen Ländern Südostasiens gelebt wird.«

Dabei führt er die jeweils genannte Haltung vor. Anschließend nimmt er einen perfekten Lotossitz ein und legt die Hände, mit den Handflächen nach unten, auf den Knien ab. Ich probiere alle Positionen für mein eigenes Empfinden aus und entscheide mich zunächst dafür, die leicht gewölbten Hände wie zum Wasserschöpfen aufeinanderliegend im Schoß abzulegen.

»Nun gibt es zwei Möglichkeiten was die Augen betrifft. Es gibt Menschen, die meditieren gerne mit geschlossenen Augen, und andere, die finden es besser, wenn sie die Augen halb geöffnet lassen und sich auf einen bestimmten Punkt fixieren. Probiert beides aus und findet selbst heraus, mit was ihr euch am wohlsten fühlt. Selbstverständlich könnt ihr auch die verschiedenen Hand- und Sitzhaltungen und zwischen geöffneten und geschlossenen Augen wechseln, bis ihr wisst, was wie und wann am passendsten ist. Nur nicht verkrampfen, nichts zwanghaft machen. Meditation soll schließlich ent-spannen und nicht ver-spannen!«, betont er.

»Wenn ihr schließlich eine passende Position gefunden habt, dann atmet am besten dreimal tief ein und aus. Nehmt die Umgebung um euch herum wahr, die Atmosphäre, die Geräusche, die Gerüche, überprüft, ob ihr gut sitzt. Und dann konzentriert euch auf den Atem. Wem es hilft, der kann dabei langsam in Gedanken mitzählen, zum Beispiel »Eins – zwei – eins – zwei ...« oder »Ich atme ein – ich atme aus ...« und so weiter. Auch ein einfacher Zählrhythmus wie dieser kann helfen: Zählt die Sekunden von eins bis vier beim Einatmen, haltet die Luft etwa eine Sekunde an, dann atmet in vier Sekunden aus, haltet für eine Sekunde den Atem an und beginnt dann wieder mit vier Sekunden Einatmung. Dieses Konzentrieren auf den Atem und auf sonst nichts nennen wir Anapanasati-Meditation. Ihr werdet sehen, wie ihr dabei immer ruhiger werdet und schließlich ganz bei euch selbst seid. Für den Fall, dass ihr die Konzentration auf den Atem verliert, weil euer Kopf nicht loslassen kann und die Gedanken nicht zu stoppen sind, gibt es ein gutes Rezept: Faltet die Hände wie zum Gebet, öffnet eventuell für kurze Zeit die Augen und konzentriert euren Blick dabei auf einen bestimmten Punkt. Diese Haltung zentriert und führt euch gut zurück in die Ruhe.«

So lässt er uns mehrfach hintereinander etwa zehn Minuten nur auf den Atem konzentrieren, jeweils unterbrochen von einem kurzen Gong. Dann geht er über zum nächsten Schritt: »Und nun beobachtet zunächst, was in eurem Körper vorgeht, wo ihr möglicherweise verspannt seid, wo vielleicht Schmerzen auftauchen, und korrigiert eventuell eure Haltung.«

Vipassana-Meditation: Den Geist beobachten und Bewusstsein schaffen

Nach einer Pause spricht er weiter: »Und jetzt beobachtet, was in eurem Geist geschieht, welche Gedanken hochkommen – vielleicht sind es immer wieder dieselben Konstrukte. Beobachtet nun auch die Gefühle, die dabei entstehen. Wenn ihr dabei bemerkt, dass ihr darüber nachdenkt, dann kann dies ein Moment des Erkennens sein, etwas, das mit *»coming into consciousness«* zu tun hat, mit Bewusstwerden. Haltet diese Gedanken oder Gefühle jedoch nicht fest, folgt ihnen nicht, sondern betrachtet sie wie einen Gast, der kommt und wieder geht. In dem Moment, wo ihr daran festhaltet, beginnt eine Analyse dessen, was ist, ein Beurteilen, eine Suche nach Lösungen – das ist ganz natürlich, wir kennen das alle sehr gut, aber hier wollen wir uns nicht darauf einlassen. Diese Art der Meditation nennt man *Vipassana-Meditation*. Dabei lasst ihr nur ein Observieren zu, ein Registrieren dessen, was hochkommt, ohne an irgendetwas festzuhalten. Beobachtet vielmehr, wie Gedanken und Gefühle kommen und gehen, stellt fest, wie all dies der Vergänglichkeit unterliegt, wie alles, was aufpoppt, auch wieder vergeht, einen Anfang und ein

Ende hat und wie all das lediglich in eurem Kopf, in eurem Geist stattfindet – und nicht in einer physischen Realität!«

Er macht eine kurze Pause und fasst dann zusammen: »Halten wir fest: Anapanasati-Meditation ist eine strikte Konzentration auf den Atem, die den Geist sehr zuverlässig beruhigt. Vipassana-Meditation dagegen schließt das Beobachten dessen ein, was in unserem Körper, in unserem Geist passiert, ohne daran festzuhalten. Üblicherweise beginnt man mit Anapanasati und geht, wenn man geübter ist, häufig zu Vipassana über. Übrigens heißt Vipassana wörtlich übersetzt ›klares Sehen‹.«

Geistestraining versus Körpertraining

Anschließend gibt er noch einen sehr brauchbaren Hinweis zum Unterschied von Geistes- und Körpertraining: »Den Geist trainieren bedeutet, den Geist ruhigzustellen. Es ist genau das Gegenteil von Körpertraining. Der Körper braucht Bewegung, um in Form zu bleiben. Um Missverständnissen vorzubeugen – natürlich braucht er auch Ruhe – und das Gehirn intellektuelle Herausforderungen. Aber im Gegensatz zum Körper ist es von Natur aus ständig in unkontrollierter Bewegung und wird trainiert, indem es über Meditation zur Ruhe gebracht wird.«

Damit überlässt er uns für den Rest dieser Session schweigend der Meditation; etwa weitere zehn Minuten, bis er wie schon zuvor einen Gong ertönen lässt, indem er mit einem hölzernen Schlegel an eine Klangschale schlägt.

Ein rascher Blick auf meine Armbanduhr verrät mir: inzwischen gut vierzig Minuten Sitzen in mehr oder weniger derselben Haltung. Für erfahrene Praktiker möglicherweise eine leichte Übung, wohingegen es mir mal hier, mal da wehgetan hat, ich mich verspannt habe und ein paarmal am liebsten abgebrochen hätte. Ich habe meine Gedanken beobachtet und nicht gleich versucht, sie – wie sonst – zu analysieren oder auch schnelle Lösungen zu finden. Dabei bin ich erstaunt, wie sich tatsächlich immer wieder die gleichen oder verwandte Muster aneinanderreihen – und wie sie kommen, um dann genauso wieder zu vergehen. Die ersten

Übungen in Loslassen.

Als diese erste Meditation vorbei ist, spüre ich einen gewissen Stolz, dass ich so lange durchgehalten habe; die Gruppe hat dabei geholfen, schließlich will man ja nicht schon am Anfang als das bequeme Weichei auffallen, zu dem ich mich ansonsten gerne bekenne. So gebe ich mich nun einem ausgiebigen Strecken und Räkeln hin, wie es unser Lehrer an diesem Punkt empfohlen hat, schüttle Arme und Beine aus und bin froh, wieder aufrecht stehen zu dürfen, um zu beobachten, wie überall da Blut hinfließt, wo es auch hinfließen soll. Weil ich ja nicht sprechen darf, gebe ich dafür ein deutliches Gähnen von mir und ein nicht minder klares Stöhnen. Und wieder bin ich damit nicht alleine. Man schweigt – zeigt aber deutlich seine Gefühle durch andere befreiende Laute.

Dieser Meditationsablauf, meist mit kurzen wiederholten Übungen und verbalen Vertiefungen der Methodik, wird uns viele Stunden und Tage im Laufe dieses Retreats begleiten: viel sitzen, Verspannungen bemerken und auflösen, sich ganz auf den Atem konzentrieren oder auch geistige Bewegungen beobachten, sie kommen und ziehen lassen, sie registrieren, ihnen aber nicht folgen. Loslassen. Eine Erfahrung, die allmählich bewusst macht, was einen so beschäftigt – um in einer mehr kontemplativen Übung später herauszufinden, warum das so ist und ob es sich lohnt, im Einzelnen daran weiter festzuhalten. Solange wir unseren Gedanken freien Lauf lassen, so sagt später einer dieser Lehrer, ist es wie bei einer Herde wilder Affen: Sie kreischen alle durcheinander, aber keiner weiß noch, um was es eigentlich geht, keiner kennt den Zusammenhang, nichts passiert wirklich bewusst, die Analyse zur konstruktiven Lösung bleibt aus. Erst wenn wir uns bewusst werden, was da im Kopf abläuft, können wir unsere Gefühle und Emotionen versachlichen und zu einer entsprechend durchdachten Handlung kommen. Anstelle einer Herde wilder Affen fallen mir diverse Talkshows im Fernsehen ein und auch viele Besprechungen in meiner Firma, deren Resultat eher dürftig war und die gängige Redensart bestätigt haben, dass ein Meeting häufig eher einem Sieg des Gesäßes über das Hirn gleicht als umgekehrt.

Kein Gourmetrestaurant

Mittlerweile ist es acht Uhr morgens und damit Zeit für die erste Mahlzeit des Tages geworden. Mein Magen meldet sich schon seit einiger Zeit, und so eile ich in Richtung Speisehalle – wiederum ein nach allen Seiten offenes Gebäude mit langen Tischen und, zu meiner Erleichterung, richtigen Stühlen. Wer ein Frühstück nach englischer oder kontinentaler Art erwartet hat, sieht sich enttäuscht. Wir sind schließlich in Asien, wo bis zu dreimal am Tag warm gegessen wird. Hier im Meditationszentrum ist allerdings schon nach der zweiten Mahlzeit, so gegen zwölf Uhr mittags, Schluss. Jetzt am Morgen wird aus großen Töpfen Reis geschöpft und aus einem anderen Kessel ein Gemisch aus verschiedenen, verkochten Gemüsen. Beides zusammen landet in einem überschaubar großen Blechnapf. Wenigstens erhalten wir ein normales Besteck und müssen nicht mit der Hand essen, wie in Indien üblich. Mir fällt ein: »Wer einmal aus dem Blechnapf frisst ...« – und wieder die Erkenntnis bei Insichtnahme meiner Einzelzelle: Du bist hier nicht in einem Vier-Sterne-Hotel. Das Essen selbst ist genießbar, alles andere wäre eine Übertreibung – kein Vergleich mit den kulinarischen Höhepunkten, zu denen die thailändische Küche sonst fähig ist. Doch da Hunger bekanntermaßen der beste Koch und die gesamte Veranstaltung hier preislich geradezu lächerlich ist – man baut auf freiwillige Spenden und nicht auf fixe Gebühren – beschließe ich für mich, die folgenden zehn Tage als geschmackliche Reduktionsdiät zu sehen. Solange mein Geist an diesem Ort gute Nahrung bekommt, so hoffe ich, kann mein Körper ruhig einmal etwas zurückstehen. Das Schweigegebot gilt auch während der Mahlzeiten. Wer etwa Salz, die Chili- oder Sojasauce braucht, muss sie sich selbst nehmen oder Gebärdensprache einsetzen. Und es funktioniert. Vielleicht ist dies die geeignete Methode, um die babylonische Sprachverwirrung zu entflechten und sich weltweit zu verständigen, denke ich. Ohne jedes Tischgespräch ist der Bauch rasch gefüllt, danach wäscht man sein Besteck und den Napf selbst aus und legt alles wieder an seinen Platz.

Danach ist gemeinschaftliche »Arbeitsmeditation«, wie sie es nennen, angesagt. Jeder bekommt zu Beginn des Retreats eine Aufgabe zugeteilt. Das kann ausfegen sein, die Bibliothek in Ordnung bringen, in der Küche helfen oder in meinem Fall – weil ich nicht schnell genug beim Auswählen war – das Reinigen der Toiletten und der sogenannten Duschen. Vom Aufwand her überschaubar, wenn auch nicht unbedingt sehr angenehm. Ich beschließe, dass ich, was ich zu Hause kann, auch hier im etwas größeren Rahmen hinkriege. Mein Geist, meine Motivation, so stelle ich fest, ist immer noch eingestellt auf positiv und auf Akzeptanz. Keine schlechte Voraussetzung für ein Gelingen dieser zehn Tage.

Was ist Dhamma?

Kurz nach neun bin ich mit dem Putzen fertig, der erste Dhamma-Vortrag, auf den ich sehr gespannt bin, beginnt um zehn, sodass ich noch etwas Zeit habe, um mich auf dem Gelände etwas genauer umzusehen. Nach einem kleinen Spaziergang über die weitläufige Anlage lande ich jedoch relativ bald wieder in meiner Einzelzelle und auf meiner Pritsche zu einer ersten kleinen Erholungspause.

»Verdammt hart, dieses sogenannte Bett«, sagt mein Kopf, »ich bin gespannt, wie die kommende Nacht wird.« Dann: »Leben ist Leiden, heißt es bei den Buddhisten immer; ich fürchte, das ist ernst gemeint!« Schließlich, nach einer Weile: »Hoffentlich dauert dieses Leiden wenigstens nicht zu lange.« Ich merke, wie in meinem Hinterkopf wieder die Frage auftaucht, warum ich mir das hier alles antue. Mein innerer Softie ist wieder da.

Kurz vor zehn wird wieder die große Glocke geläutet und lädt ein zum zweiten Dhamma-Vortrag, in der Meditationshalle von vorhin. Ich bin rechtzeitig dort und ergattere einen der beliebten Plätze an einer Säule, sitze auf einem Kissen und freue mich, dass ich mich nun nach Belieben anlehnen kann. Auf meinem Schoß liegen ein kleines Notizheft und ein Kugelschreiber. Ein Mönch von hagerer Gestalt, ich schätze ihn auf Ende vierzig, barfuß und in seine safrangelbe Kutte gehüllt, sitzt vorne in perfektem Lotossitz und lächelt entspannt ins Auditorium. Nach einem Schlag auf seine Klangschale stellt er sich in wunderbar verständlichem Amerikanisch als Santikorn Bhikkhu vor. Er erzählt uns, dass er ursprünglich in den USA Theologie studiert habe und wie es ihn mit dem US Peace Corps nach Thailand verschlug. Hier habe er die Sprache erlernt und zunächst zwei Jahre als Lehrer an einer Schule im Norden gearbeitet, bevor er Ende der Achtzigerjahre aufgrund seines Interesses am Buddhismus als Schüler des berühmten Ajahn Buddhadasa in dieses Kloster kam – um schließlich zu bleiben und einige von dessen wichtigsten Schriften ins Englische zu übersetzen. Buddhadasa, so lerne ich hier, war bis zu seinem Tod im Jahr 1993 einer der bedeutendsten Lehrer des hiesigen Theravada-Buddhismus, und ich betrachte es als Glücksfall, dass ausgerechnet einer seiner direkten Schüler dieses Seminar leitet.

»Wenn diese Stunden schon Dhamma Talk heißen, sollte ich euch erst einmal erklären, was man unter *Dhamma* überhaupt versteht«, beginnt er seine Lektion. Ich merke, wie augenblicklich völlige Ruhe einkehrt, etwa hundert Gesichter schauen gespannt, was dieser Mann zu sagen hat, nur ein paar Vögel zwitschern ungehemmt auf den Bäumen, die Ventilatoren unter dem Dach verursachen eine angenehme, leichte Brise, die Temperatur liegt inzwischen bei gut dreißig Grad, mit einer Luftfeuchtigkeit von sicherlich neunzig Prozent.

»Dhamma«, dabei hebt er seine Stimme, »ist ein Wort aus dem Pali, der Sprache, in der erstmals die Worte Buddhas niedergeschrieben wurden. Es ist von dem Sanskrit-Wort Dharma abgeleitet. Es wird in verschiedenen Religionen wie Hinduismus, Jainismus, Buddhismus ganz unterschiedlich interpretiert, beispielsweise als Pflicht, Recht, Gesetz, Ethos oder auch ganz einfach als Lehre. In der Philosophie des Buddhismus geht es dabei im Wesentlichen darum, *die Dinge zu sehen, wie sie sind*, das Erkennen der ›Natur der Dinge‹ oder der Wahrheit – sofern es diese objektiv geben kann. Dazu hat Buddha die, wie wir sie nennen, *Vier Edlen Wahrheiten* gelehrt, die ich euch im Folgenden erklären möchte. Beginnen wir mit der ersten:

Die Erste Edle Wahrheit: Ist Dukkha nur Leiden?

Die Erste Edle Wahrheit beruht auf der einfachen Tatsache, dass wir in unserem Leben ständig so etwas erleben wie Unzufriedenheit oder Sorgen, weil etwas *nicht perfek*t ist oder nicht ganz unseren Vorstellungen entspricht. In Sanskrit nennt man dies *Dukkha*. In einfachen westlichen Übersetzungen wird aus diesem Begriff dann ›Leiden‹ oder in einem sehr vereinfachenden Satz ›Das Leben ist Leiden‹, was natürlich ganz schrecklich klingt und dem Buddhismus den Ruf eingebracht hat, er sei eine Lehre des Leidens – was viele Menschen davon abhält, sich mit dieser Philosophie weiter auseinanderzusetzen. Richtigerweise müsste man das Ganze aber etwas weiter fassen, nämlich dass es sich bei diesem sogenannten Leiden in aller Regel nur um das Gefühl handelt, dass etwas nicht ganz befriedigend oder unzureichend ist. Tatsächlich sind es häufig so einfache Begebenheiten wie beispielsweise, dass euer Kaffee sehr heiß ist, ihr ihn gerne jetzt und sofort trinken wollt, aber warten müsst, bis er etwas abgekühlt ist. Oder dass du etwas tun musst, das du zwar nicht schlecht findest, von dem du aber trotzdem nicht ganz überzeugt bist. Auf einen Nenner gebracht: Irgendetwas ist nicht ganz perfekt oder vollständig, obwohl man eigentlich alles hat, was man will. Mit anderen Worten – es handelt sich um das reale Leben, das selten und wenn, dann nur für kurze Dauer einen perfekten Zustand bietet. «

Echtes Leiden oder nur nicht ganz perfekt?

Mir fällt spontan meine harte Pritsche ein. Und dass ich für genau solche Fälle eine Isomatte mitgenommen, sie aus Zeitgründen nur noch nicht ausgerollt habe. Und dass diese Matte in Zelle 218 mein absehbares Leiden genauso lindern kann wie ein Schuss kalter Milch in einen heißen Kaffee. Ich kann also etwas ändern, sogar planen. Doch es geht schon weiter:

»Dabei unterscheiden wir drei verschiedene Arten von Dukkha. Erstens: Etwas ist schwer zu ertragen – wie beispielsweise Liebeskummer oder wenn wir finden, dass uns unrecht getan oder wir beleidigt wurden. Zweitens: Wir wollen etwas erreichen und dies aufrechterhalten, aber die Umsetzung ist schwierig – vielleicht eine sportliche oder berufliche Spitzenleistung oder, ganz profan für dieses Retreat, ihr wollt die perfekte Meditationshaltung auf Dauer einhalten, aber euer Körper schafft das nicht. Und drittens: einer Verführung oder Verlockung widerstehen – was wir alle sehr gut kennen. Beispiel – du bist Raucher und willst reduzieren. Oder du magst Süßigkeiten, aber willst abnehmen. Und so weiter.

Mit großem Leid hat dies oft wenig zu tun, sondern eher mehr mit einem nicht hundertprozentig zufriedenstellenden Zustand. Die Erste Edle Wahrheit bedeutet also, dass die Dinge und die Erfahrungen, die wir machen, so gut wie immer unvollständig oder nicht perfekt sind, zumindest nicht im Sinne unserer Vorstellungen. Daraus entsteht Unzufriedenheit, Enttäuschung oder – sehr pauschal übersetzt – Leiden. Egal, wie viel Wohlstand, Erfolg und Anerkennung, welche gesellschaftliche Position, welche Gelegenheiten euch das Leben bietet, es wird immer ein Funken Unvollkommenheit, Angst oder gar Verzweiflung mit dabei sein. Selbst wenn ihr kurzzeitig auf der berühmten Wolke sieben schwebt, wisst ihr, dass dieser Zustand nicht von langer Dauer sein wird, weil andere, störende Faktoren und Gefühle ebenso vorhanden sind und sich zuverlässig zurückmelden. Kennt ihr das? Dazu ein Beispiel: Du lebst in einer riesigen Villa mit Swimmingpool und allem Komfort. Doch eines Tages brichst du dir das Bein und kannst für einige Wochen das Haus nicht verlassen, oder du hockst alleine in dem schönen Bau, weil deine Familie dich verlassen hat, da du dich stark verändert hast, irgendwie in eine völlig falsche Richtung gelaufen bist. Und schon hat der Idealzustand Sand im Getriebe.

Ist hier jemand, der noch nie in seinem Leben so eine Art des Leidens, der Imperfektion – egal, wie stark oder schwach – erlebt hat? Das direkte, persönliche Erleben – nicht umsonst steckt in Erleben das Wort leben – kann zu einem Erkennen der Ursachen des Leidens führen«, dabei hebt er deutlich die Stimme »und die Möglichkeit eröffnen, diese Quellen des Nichtzufriedenstellenden zu beseitigen oder zu umgehen. Mit dem Erkennen der

Ursachen sind wir fast schon bei der Zweiten Edlen Wahrheit – dazu später mehr.«

Ich hänge förmlich an den Lippen dieses Mannes. Als ich mich im Kreis umschaue, habe ich den Eindruck, dass auch bei den anderenetwas klick gemacht hat. Dieses »Das Leben ist Leiden« hatte mir immer zu sehr nach Protestantismus geklungen, nach Verzicht, zu wenig Lebensfreude, nach Disziplin und einer Schuld wie der Erbsünde, mit der ich noch nie etwas anfangen konnte und auch nicht wollte. Nicht-perfekt dagegen kenne ich sehr gut, das kann ich akzeptieren, damit kann und konnte ich bisher recht gut leben. Das bedeutet Realismus, beinhaltet Enttäuschung ebenso wie Freude, beide Seiten der Medaille; es erlaubt Höhepunkte und die Erkenntnis, dass diese vergänglich sind, was wiederum ein Loslassen impliziert. *Alles verklingt wie ein Ton im Nichts*, habe ich irgendwo gelesen. Den Ton der Klangschale und dessen Verklingen, so nehme ich mir vor, werde ich künftig mit diesem tiefgründigen Satz verbinden.

Aus dem einfachen Beispiel mit dem zu heißen Kaffee erschließe ich für mich die Möglichkeit, diese Art des Leidens künftig vermeiden zu können, indem ich akzeptiere, dass der Kaffee, wenn er aus der Maschine kommt, immer zu heiß ist. Doch wenn ich dies weiß und ein wenig warte, bis er trinkbereit abgekühlt ist, kann ich mir dieses Nicht-Perfekte, sprich verbrannte Lippen oder Zunge, ohne Weiteres ersparen. Nicht mehr ungeduldig pusten, sondern in Ruhe abwarten. Ich kann Leiden also vermeiden, indem ich die Ursache erkenne – anerkenne, »dass es ist, wie es ist«, und dann eine Lösung zur möglichen Vermeidung suche. Klingt durchaus machbar. Vor allem nehme ich zur Kenntnis, dass ich das Leben weiter genießen darf, ohne mir einreden zu müssen, dass es nur aus Leiden zu bestehen hat!

Blitzartig fallen mir verschiedene Beispiele aus meinem Leben ein, wo der Begriff Leiden in seiner Schwere völlig danebengelegen hätte, ich die Nichtvollkommenheit einer Situation oder eines Zustands jedoch voll akzeptieren konnte. Dabei denke ich als Erstes an die Geburt meiner Tochter, bei der ich dabei sein durfte. Wie ich gleichzeitig ein unvorstellbares Glücksempfinden und eine Freude empfand, zugleich aber damit beschäftigt war, die Schmerzen meiner Frau hilflos ertragen zu müssen. Ich bin mir sicher, dass mich das Thema des Leidens in seiner abgemilderten Form – dieses Aha-Erlebnis von eben – noch länger beschäftigen wird. Leben ist also nicht ein Leiden per se – wie pauschale Übersetzungen suggerieren, sondern schlicht und einfach selten perfekt – und wenn, dann nur für kurze Dauer. Irgendein Haar fällt immer in die Suppe. Diese Sichtweise passt für mich, damit kann ich etwas anfangen. Damit wird mir der Buddhismus sofort ein Stück sympathischer, denn Leiden, das gestehe ich, ist ganz und gar nicht meine Sache.

»Dukkha«, fügt Tan Santikorn noch hinzu und verzichtet auf die englische Übersetzung *suffering*, »entsteht prinzipiell aus der Tatsache heraus, dass wir leben. Es muss aber in unserem Geist erkannt und zu einem bewussten Erlebnis gemacht werden, um die Ursachen beziehungsweise Quellen zu erkennen. Wir schauen uns an, was dabei im Kopf passiert, und dann, für wie viel davon wir selbst verantwortlich sind. Die Erste Edle Wahrheit ist also keine Doktrin, kein unumstößlicher Lehrsatz, sondern ein Hinweis.«

Hinweis gefällt mir: Ich kann ihn sehen, annehmen und evaluieren – oder auch ausblenden. Ein Lehrsatz dagegen hat für mich immer etwas von außen Festgelegtes, eine Art Gesetz, ein Dogma. Ich denke dabei an die Zehn Gebote, mit denen ich aufgewachsen bin. Das erste Gebot beginnt mit: »Ich bin der Herr, dein Gott. Du sollst keine fremden Götter neben mir haben.« Alle weiteren fangen direkt mit »Du sollst ...« oder »Du sollst nicht ...« an. Immer soll ich etwas oder soll nicht. Das hat mir noch nie gefallen. Doch schon unterbricht Santikorn meine Reflexionen:

Die Zweite Edle Wahrheit:
Die Ursache von Dukkha

»Bei meinem Versuch, die Erste Edle Wahrheit zu erklären, habe ich schon erwähnt, dass Dukkha, also unser sogenanntes Leiden

– besser: unsere Unzufriedenheit mit einem bestimmten Zustand oder einem Umstand – eine Quelle des Entstehens, also eine Ursache hat. Und damit sind wir nun bei der Zweiten Edlen Wahrheit. Diese besagt, dass es durch gewisse Bedingungen zu einer Imperfektion kommt, die im rein menschlichen Bereich liegen kann oder auch im Zusammenhang mit der Welt insgesamt. Es gibt also für alles so etwas wie die ›Quelle des Übels‹, die wir finden und erkennen können. Klingt abstrakt, oder? Wenn wir Dukkha aus diesem Blickwinkel betrachten, dann führt uns dies unweigerlich zur Betrachtung unseres eigenen Lebens, mit unseren damit einhergehenden menschlichen Begrenzungen, und zu Vorstellungen, die zu Wünschen führen, denen wir in der Folge anhaften und die uns binden.«

Das mit den »Ursachen«, die im menschlichen Bereich oder der Welt insgesamt liegen und dass ich diese nur bedingt verändern kann, leuchtet mir ein und erleichtert mich in gewissem Sinn. Ich bin also nicht für alles selbst verantwortlich. Einiges passiert ohne mein Zutun, und dies ist wohl schwer verrückbar.

Anhaftung schafft Bindung

»Reden wir weiter über Anhaftungen (*Pali Upadana*), über Dinge und Zustände, die in uns Wünsche hochbringen und damit Bindungen schaffen, die wir vielleicht weder wollen noch brauchen. Eines der Dinge, denen wir anhaften, ist unser eigener Körper. Doch dieser Körper unterliegt dem Gesetz der Natur, er hat genetische Prägungen, er wird geboren, wird erwachsen, verändert sich, wird alt, krank, und es ist zu hundert Prozent sicher, dass er schließlich stirbt. Wenn wir diesen Fakt geistig akzeptieren, könnten wir uns mit diesem Körper weniger identifizieren, weil er unweigerlich diesem Prozess unterliegt, dadurch dürften viele von uns mit ihrem eigenen Corpus deutlich weniger Probleme haben. Er ist so, wie er ist, er unterliegt bestimmten, unumkehrbaren Bedingungen – auch wenn es Chirurgen gibt, die dies anders sehen und tatsächlich an der Karosserie gewisse Veränderungen bewirken können. Jedoch spielt sich vieles nicht an der

Oberfläche ab, sondern weiter oben, im Kopf, und deutlich tiefer drinnen, nämlich im Geist.«

Er benützt für Geist den englischen Begriff *mind*, der in seiner deutschen Übersetzung erheblich weiter ausgelegt werden kann, mit Begriffen wie Verstand, Geist, Meinung, Ansicht, Gedächtnis, Absicht und dergleichen. »Dort oben, *in your mind*, läuft im Wesentlichen der Zustand der Unzufriedenheit ab – das, was als Leiden oder als Dukkha bezeichnet wird –, und nur von dort oben, also durch einen bewussten Geist, kann dieses sogenannte Leiden auch erfasst, begriffen und weitgehend verändert werden.«

In mir kommt der Gedanke hoch: Du kannst alles positiv oder auch negativ sehen. Es liegt alleine im Auge des Betrachters. Der eine fährt auf blonde Frauen ab, der andere auf dunkelhaarige, auch wenn die blonde dunkel sein möchte und die dunkelhaarige blond. Einer fühlt sich zu klein und dick, ein anderer zu lang und zu dünn. Einer findet seine Glatze schön, ein anderer lässt sich Haare transplantieren. Dabei gibt es Präferenzen für fast jede Ausführung, für jedes Modell. Dies hat etwas mit persönlichem Geschmack zu tun, mit Gefühl, häufig aber mit einem Image, das nicht vom eigenen Inneren, sondern von außen kommt – in jedem Fall aber mit dem zusammenhängt, was sich im Kopf abspielt, wie wir einen Zustand oder eine Person sehen wollen oder sollen, wie unser Bild davon von äußeren Einflüssen und Medien vorgeprägt ist, wie unsere Erwartungen sind, unsere Wünsche, auch unsere Erfahrungen.

Nicht wie es sein soll – sondern wie es entstanden ist

Santikorn fährt fort: »Die Zweite Edle Wahrheit fordert uns auf, uns nicht auf unsere Vorstellung dessen, wie es sein soll, zu fokussieren, sondern darauf, *wie diese Sichtweise entstanden ist*. Gewöhnlich betrachten wir nicht, wie etwas entstanden ist, sondern springen sofort in die Beurteilung oder ins Tun. Wir mögen etwas – oder auch nicht. Die Betrachtung der Ursache, des Wieetwas-entstanden-ist, erfordert einen wachsamen und differenzierten Geist. Wenn wir die Entstehung von Leid als etwas sehen, dem eine Ursache und auch eine Bedingung zugrunde liegt, erst dann können wir dieses sogenannte Leid objektiv betrachten und möglicherweise zu ganz anderen Erkenntnissen oder Ergebnissen kommen. Seht euch auch genau eure Begierden an, eure Wünsche und Sehnsüchte – sie alle haben einen Preis –, und überlegt euch dabei, was dieser Preis ist, ob ihr eurem Begehren wirklich immer spontan nachgehen wollt. Ich verweise in diesem Zusammenhang noch einmal auf die Erläuterungen zur Meditation von heute Morgen, namentlich zu dem, was zur Achtsamkeits- beziehungsweise Vipassana-Meditation gesagt wurde, der Beobachtung des Geistes. Die Zweite Edle Wahrheit ermutigt uns, uns nicht auf unsere persönlichen Ideen und Vorstellungen zu einer bestimmten Sache oder einen Zustand zu fokussieren, sondern auf deren Entstehung, auf ihren Ursprung, auf die Ursache.«

Diesen letzten Hinweis zur Meditationspraxis und deren Nutzen finde ich für mich persönlich sehr wichtig; zeigt er doch, dass deren regelmäßige Übung durchwegs einen praktischen Sinn macht. Ich beschließe spontan, zu Hause wieder konsequenter und vor allem regelmäßig zu meditieren. Da ich mich selbst aber recht gut kenne, bin ich schon jetzt gespannt, wie lange dieser Vorsatz dann auch halten wird. Doch Santikorn setzt noch einen drauf:

Vom Begehren der Sinne, etwas zu erreichen oder etwas loszuwerden

»Die Zweite Edle Wahrheit konzentriert sich auf drei verschiedene Arten von Begierden, die in Pali *Kama Tanha*, *Bhava Tanha* und *Vibhava Tanha* heißen. Bei der ersten Art handelt es sich um Begierden oder Verlangen im sensorischen Bereich: also Befriedigungen im sinnlichen Bereich. Bhava Tanha ist das Begehren, etwas Bestimmtes zu erreichen, etwas zu werden. Und Vibhava Tana ist das Verlangen, etwas loszuwerden, der Wunsch nach Auslöschung wie zum Beispiel Verantwortung und Abhängigkeiten loszuwerden. Und jetzt muss ich euch auf noch einen Aspekt hinweisen: Bedenkt, dass alle drei Arten von Begierde, die schließlich zu Dukkha führen, einen Anfang haben, ein Entstehen – und nicht der Ewigkeit angehören, sie verblassen und vergehen. Sie kommen, bleiben eine gewisse Zeit bestehen und haben irgendwo ein Ende. Alles verklingt wie ein Ton im Nichts. Ein Ton entsteht, erreicht einen gewissen Höhepunkt und verklingt schließlich, so wie er entstand. Insbesondere wenn wir etwas als angenehm empfinden, wenn es uns Freude bereitet, dann wollen wir es nicht loslassen und wollen nicht zur Kenntnis nehmen, dass trotzdem alles der Veränderung unterliegt und vergänglich ist. Wir wollen es festhalten – wir nennen es Anhaften – und alleine dadurch entsteht Dukkha. Und damit wären wir fast schon bei der dritten der Vier Edlen Wahrheiten.«

Die Aufgliederung in drei Arten von Begierden – oder sind es nicht einfach Gelüste, Erwartungen an sich selbst, ständige Wünsche, selbst gesteckte Ziele? – und dass wir diese Konstrukte häufig doch nicht ertragen können oder wollen, finde ich hilfreich. Alle drei Begierde-Typen sind mir bestens vertraut, für jede einzelne bin ich schon Meilen gegangen, und häufig musste ich lernen, dass, wenn ich sie schließlich erreicht hatte, der Geschmack ein fader war, dass die Realität der Illusion meist unterlegen war. Wenn ich ein Fazit ziehe, stand der Aufwand sehr oft in keinem Verhältnis zum Resultat. Die Erfüllung meiner Wünsche hat häufig zu viel gekostet und letztlich zu einer Art Ernüchterung geführt, genau zu dem Zustand nämlich, den die Buddhisten »Leiden« oder Dukkha nennen.

Zu diesem Thema möchte ich später noch etwas intensiver nachdenken, um das Ganze mit praktischen Beispielen aus meinem Leben zu untermalen, und schreibe auf meinen mitgebrachten Notizblock ganz schnell: Drei Arten von Begierde: Sinnlicher Bereich / Etwas werden / Etwas loswerden. Zeit zu reflektieren ist jetzt keine, denn der Vortrag geht zügig weiter.

Die Dritte Edle Wahrheit: Die Beendigung von Dukkha

»Wenn wir verinnerlichen, dass jede Begierde einen Anfang und auch ein Ende hat, dann müssen wir nicht mehr jeder aufkeimenden Regung impulsiv oder auch gewohnheitsmäßig folgen, sondern wir können sie genauso vorbeiziehen lassen oder gar aussitzen. In jedem Fall könnten wir erst einmal darüber nachdenken! Es gelingt uns möglicherweise, dass ein Verlangen auf natürliche Art und Weise so wieder verschwindet, wie es entstand, nämlich im Geist. Daraus folgt, dass dieses durch das Bewusstsein genauso wieder losgelassen werden kann, ganz einfach durch einen neuen Impuls im Gehirn, über eine Veränderung des Willens oder impliziert durch äußere Umstände.«

Spontan denke ich bei diesen Worten an verblasste Verliebtheiten, an vergangene Beziehungen und deren manchmal dramatisches Ende, weil ich oder sie den eigenen Idealen und Vorstellungen anhing, mit der Folge von Enttäuschungen, von Ernüchterung. Doch ich bereue nichts! Ich glaube auch nicht, dass Reue oder die Vermeidung von Leben(digkeit) die Aussage der Dritten Wahrheit ist.

Über die Unbeständigkeit, vom Anfang und vom Ende, vom Entstehen und Vergehen

»Der Buddhismus ist keine Philosophie des Verzichts, des Leidens, wie manchmal unterstellt wird. Auch die Dritte Edle Wahrheit ist als Hinweis zu sehen: nämlich auf ein Bewusstwerden der Ursprünge und deren Vergänglichkeit. Die Veränderung ist zuverlässig, weil sich die Bedingungen in den jeweiligen Situationen ständig verändern«, fährt er fort. »Wenn man das Entstehen und Vergehen beobachtet, kurz: die Unbeständigkeit von jedem Zustand und von jedem Ding, wenn man beginnt, diesen Verlauf zu beobachten und zu verstehen, dann entstehen in der Folge Gelassenheit und Weisheit. Diese Beobachtung führt zu einer inneren Ruhe und geistigen Klarheit, die ihr nie erreichen könnt, wenn ihr stets spontan reagiert und ständig einem neuen Begehren nachlauft. Beachtet dabei bitte, dass diese Bedingungen – die entstehen und wieder vergehen – weniger aus unserem eigenen Selbst stammen, sondern mehr aus dem, was über die äußere Welt auf uns einwirkt. Nämlich all dem, was wir durch die Augen wahrnehmen oder über das Bewusstsein, das durch den Kontakt zwischen dem Auge und einem Objekt entsteht, was die Ohren durch ein Geräusch erfahren, die Nase durch einen Geruch, die Zunge über einen Geschmack, der Körper über fühlbare Eindrücke.

Anattã: Ohne Selbst, aber auch nicht nichts

Dies nennt man in Pali *Anattã* oder *Nicht-Selbst* – das nicht verwechselt werden darf mit ‚Nichts‘ und auch nichts mit Nihilismus zu tun hat! Dieses Von-außen-bedingte-Entstehen bin nicht ‚Ich selbst‘, es gehört nämlich nicht mir und ich bin es auch nicht. Es hat keinen dauerhaften Bestand und ist auch nicht die Wahrheit-an-sich, da alles durch seine eigenen, ursprünglichen Umstände entstanden ist. Es besteht grundsätzlich aus verschiedenartigen Bedingungen, die wiederum der Veränderung und Vergänglichkeit unterliegen. Diese *Unbeständigkeit* kann so verstanden werden, dass etwas entsteht, für eine kurze Zeit besteht und dann verschwindet …«

Dann kommt wieder dieser Satz: »… ganz wie ein Ton im Nichts – in der Vergänglichkeit.

Wenn man sich auf diese Fakten besinnt, fällt Distanz zu wahren oder auch loszulassen – wann immer erforderlich – in jedem Fall ein gutes Stück leichter! Ich verweise in diesem Zusammenhang noch mal auf die Vorteile der Meditation: Sie ist eine Methode, um genau hinzuschauen, um den Kern der Dinge oder einer Situation zu erfassen.

Abschließend möchte ich dieses Muster des *abhängigen Entstehens* oder auch der ‚voneinander bedingten Phänomene‘ auf einen Punkt bringen: Es gibt ein Muster, das allen Phänomenen gemeinsam ist; sie entstehen und vergehen (Anicca), dabei gibt es einen unbefriedigenden Zustand oder Leiden (Dukkha), das wiederum einen Anfang und ein Ende hat, und es gibt Bedingungen, die zum Nicht-Selbst gehören (Anattā). Diesen letzten Begriff greifen wir in einem späteren Diskurs noch mal auf, lassen wir ihn zunächst so stehen. Als Vierte Edle Wahrheit gibt es den sogenannten Achtfachen Pfad, den Weg zur Beendigung des Leidens, auf den ich heute Abend eingehen werde, wobei ich noch darauf hinweisen möchte, dass es immer eine Art von Leid geben wird, solange wir in dieser Welt leben, und dass es sich somit wieder um Hinweise handelt, quasi um eine Methodik für eine grundsätzliche Lebensweise, um Leid und Enttäuschung über eine Bewusstwerdung – und damit durch Findung von Klarheit – möglichst zu vermeiden.

»Das war viel für eine Stunde«, schließt er ab, »und es ist gut, wenn ihr das Ganze etwas sacken lasst und darüber nachdenkt. Ihr könnt zu diesem und anderen Themen kleine Zettel schreiben, die wir dann in einem Korb sammeln und in einem anderen Diskurs beantworten. Jetzt schüttelt erst mal ein paar Minuten eure Knochen aus, dann lernt ihr etwas zur Gehmeditation, die Tan Dhammavit anleiten wird.«

Von der Gehmeditation zum Chanting

Und schon taucht er von der Seite kommend auf, der Mönch von heute Morgen. Wie auch sein Vorgänger nimmt er vorne, auf dem großen Kissen Platz, nimmt die schneidersitzartige Haltung des Lotossitzes ein und mustert mit ruhigem Blick die vor ihm versammelte Gemeinde aus etwa hundert Frauen und Männern. Mit einem Schlag auf seine Klangschale bittet er um Aufmerksamkeit und beginnt: »Ich möchte euch jetzt gerne ein paar Anweisungen und Erklärungen zur Gehmeditation geben, zum Warum und Wie. Gehmeditation ist eine Ergänzung zur Sitzmeditation. Für manche Menschen, die sich schwer mit dem Stillhalten oder auch mit dem Sitzen tun, kann das eine sinnvolle Alternative sein. Der Sinn der Meditation ist immer derselbe – den Geist zu beruhigen, ihn zu lenken, zu beobachten und zu lernen, was in ihm vorgeht – egal, ob im Sitzen, im Gehen, im Stehen und sogar im Liegen. Bei Letzterem besteht jedoch die Gefahr, dass man dabei einschläft – was man aber auch gezielt als Einschlafhilfe anwenden kann. *No problem!*

Um Gehmeditation durchzuführen, sucht ihr euch zunächst ein flaches Gelände aus und schreitet etwa 30 Schritte ab. Warum flach? Weil ihr euch weder durch einen Anstieg anstrengen noch durch einen Abhang in Fahrt kommen sollt. Den Anfang, die Mitte und das Ende markiert ihr mit einem Stock oder einem Stein. Praktiziert ihr sie in einem Innenraum, dann kann es jeweils ein Stuhl oder auch ein Tuch sein. Geht dabei barfuß oder in Socken.

Dann stellt zu Beginn die Füße fest auf den Boden und nehmt eure Körperhaltung und die Umgebung wahr. Nun startet ihr, indem ihr am Anfang die Hände wie zum Gebet faltet und euch dabei kurz auf euer Inneres und den Atem besinnt. Schließlich beginnt ganz bewusst und sehr langsam zu gehen. Die Arme und Hände lasst ihr jetzt in einer bequemen Haltung nach unten hängen, ihr könnt sie auch hinter dem Rücken zusammenlegen. Nehmt nun wahr, wie ihr den Fuß erst hebt, ihn dann wieder auf der Ferse aufsetzt, langsam über die Sohle nach vorne zu den Zehen rollt, schließlich das ganze Gewicht auf diesen Fuß verlagert, dann den anderen Fuß hebt, auf der Ferse absetzt, in Richtung Zehen abrollt und so weiter, bis ihr das Ende der Strecke erreicht habt. Der mittlere Punkt dient nur dazu, um sich selbst zu überprüfen, ob man dabei abgelenkt wurde. Vergesst dabei nicht das richtige Aus- und Einatmen, vielleicht hilft euch die Methode, bis vier zu zählen beim Einatmen, eine Sekunde den Atem anhalten, bis vier wieder ausatmen, eine Sekunde den Atem anhalten und wieder bis vier ein. Und so weiter. Die Gehgeschwindigkeit könnt ihr eurem eigenen Bedürfnis anpassen, solange ihr keinen Marsch daraus macht. Wenn ihr das Ende der Strecke erreicht habt, haltet kurz inne, macht eine kleine Pause und kehrt um. Beobachtet dabei, was euren Geist bewegt, genau wie bei der Sitzmeditation, die Gedanken, die hochkommen, abdriften, in die Vergangenheit wandern, die planen, überprüfen, die jeder Ablenkung und jedem Impuls folgen wollen ... Schaut sie euch an, wie ein Beobachter von außen, aber lasst sie nicht frei herumirren, betrachtet sie nur und lasst sie wieder ziehen. Es wird viel Übung brauchen! Aber es lohnt sich. Seid der Betrachter – aber nicht der Ausführer! Macht das Ganze für etwa dreißig Minuten. So, und jetzt geht raus ins Gelände, jeder suche sich seinen Platz und praktiziert das Ganze für circa eine halbe Stunde. Ein Gong läutet den Anfang und auch das Ende ein. Danach treffen wir uns in der Speisehalle zum Mittagessen. «

Wir verteilen uns in dem weitläufigen Gelände, und wenn es den anderen wie mir geht, sind sie froh, dass sie sich endlich frei bewegen können. Mir fällt der Satz ein: »quasi von einer Ruhe in die nächste«. Ich suche meinen eigenen Platz in dem weitläufigen, halbwegs schattigen Palmenhain. Inzwischen steht die Sonne schon sehr hoch und ich schätze die Temperatur auf um die dreißig Grad bei bestimmt neunzig Prozent Luftfeuchtigkeit. Dabei darf ich nicht zu wählerisch sein, denn etwa weitere hundert Gestalten sind ebenso bemüht, ihren kleinen Übungsplatz, genau wie ich, möglichst im Schatten von Bäumen zu finden. Ich bin froh, ein Käppi eingepackt zu haben. Andere ziehen ein Tuch über den Kopf. Mit zwei Stöckchen lege ich meine Strecke von dreißig Schritten fest, in der Mitte parke ich meine Badelatschen. Brav beginne ich mich auf mein Inneres und auf den Atem zu konzentrieren, fange mit dem ersten Schritt an, wobei ich, getreu der Anordnung, erst bewusst das linke Bein hebe und nach vorne bewege, dann mit dem Gewicht auf der linken Ferse aufsetze, die Fußsohle entlang abrolle, bis ich fest auf dem linken Fuß stehe, dann das rechte Bein hebe und nach vorne bewege, rechte Ferse, Sohle entlang zu den Zehen und so weiter. Dabei Einatmen bei dem einen Schritt, Ausatmen beim anderen.

In der Mitte, bei den Badelatschen, merke ich, dass ich zwar einigermaßen gleichmäßig atme, aber mehr auf das Gehen fokussiert bin. Beim Endstöckchen bleibe ich kurz stehen, atme einmal kräftig durch und kann mir nicht verkneifen zu schauen, was die anderen machen, drehe mich dann langsam und bewusst um und fange wieder an, in Richtung Anfangspunkt zu staksen. Ganz bewusst und langsam. Und sowohl auf die Bewegung als auch auf das Atmen achtend. Nicht ganz einfach!

Mein Geist meldet zwischendurch »Lieber würde ich jetzt ganz bewusst spazieren gehen, das Gelände genauer inspizieren, den Vögeln zuhören, die Gedanken schweifen lassen, die anderen Teilnehmer beobachten und vielleicht mit einer netten Teilnehmerin small-talken.« Aber nichts da! Der Gruppendruck hält mich gefangen, keine und keiner wagt, wie ich feststelle, einem etwaigen ähnlichen Bedürfnis nachzugehen. Ich schreite in greisenartiger Langsamkeit weiter, bewusst und gefangen, ganz im Hier und Jetzt, komme ein paarmal ins Stolpern vor lauter Konzentration auf Fußsohle und gleichzeitiges Atmen, merke jeweils in der Mitte, wie ich doch leicht genervt bin und das Ganze irgendwie schwierig finde. Wenn ich ehrlich bin und in mich hineinhorche, muss ich zugeben, dass mich diese Gehmeditation schnell langweilt. Ich bin es gewohnt, zielorientiert und einigermaßen schnell zu gehen. Dieses zwangsverordnete Kriechtempo und die zugehörige Aufmerksamkeit passen nicht ganz in mein Schema und ich bin froh, als mich nach einer halben Stunde endlich ein lauter Gong aus der geheiligten Ruhe befreit. Ich muss an dieser Sache noch arbeiten, falls ich nicht ganz aufgebe!

Erleichtert bin ich, als ich in einer späteren Belehrung erfahre, dass man das Ganze auch im freien Gelände, auf einer möglichst ebenen Strecke, wie einen bewussten Spaziergang praktizieren kann. Tatsächlich finde ich Monate später dazu auf YouTube einige brauchbare Anleitungen, die mir diese Methode etwas näherbringen.

Von allen Seiten bewegen sich nun die Sucher aus aller Herren Länder in Richtung Eating Hall – Kantine wäre das falsche Wort. Wie schon beim Frühstück sitzt man gemeinsam an langen Tischen und Bänken, das Essen ist rein vegetarisch und besteht aus verschiedenen Gemüsesorten in einer Currysauce, die über einen

Schapfen Reis gekippt und im Blechnapf gefasst werden. Dazu einen undefinierbaren Kräutertee in Glasbechern. Keine kulinarische Offenbarung, es macht satt, aber nicht wirklich glücklich. Der gaumenmäßige Glückszustand muss auf später verschoben werden. Reden und sich austauschen geht auch nicht, Blickkontakt und heimliches Mustern muss genügen, man darf mehr oder weniger laut schweigen, sich über die einzelnen Personen Gedanken machen, doch letztlich ist man mit dem, was im Kopf vorgeht, bei sich alleine. Gewöhnungsbedürftig – jedoch, wie ich später finden werde, wenn ich mich an dieses Camp zurückerinnere, im Prinzip keine schlechte Sache. Häufig wäre es in unseren Breitengraden erholsamer, erst mal die Klappe zu halten, zu beobachten, hinzuspüren und dann erst mit dem Reden zu beginnen. Namentlich in unseren Kantinen, fällt mir ein, wäre es oft besser, zur Ruhe zu kommen, anstatt mit vollem Kauwerk auch dort noch über das Business zu reden.

Da es die letzte Mahlzeit des Tages sein soll, darf nachgefasst werden. Ich denke an den Abend, die lange Nacht, die nicht ganz so lang sein wird, weil um vier Uhr schon wieder Wecken angesagt ist, frage mich, ob man mit knurrendem Magen schlafen kann, und stopfe vorsorglich noch eine Extraportion Reis in mich hinein. Weil es nichts zu bereden gibt, wenig Neues zum Schauen, man soll ja nur bewusst sein und auf sich selbst achten, ist das «Lunch» schnell vorbei. Vom Essen gehe ich pflichtgemäß meiner selbst gewählten Aufgabe, dem Toilettenputzen, nach, um schließlich einigermaßen erschöpft in meiner Zelle in einen kurzen Schlummer zu fallen.

Meditieren, gemeinsames Singen und Tea Time

Um 14:30 Uhr läutet wieder eine Glocke. Bis 17 Uhr sind jetzt Meditationsanweisungen, Meditationen abwechselnd im Sitzen und im Gehen angesagt, gefolgt von »Gemeinsamem Singen und Rezitieren buddhistischer Texte« bis zur Tea Time um 18 Uhr.

»Ganz schön durchgetaktet«, denke ich, »doch auch mit ausreichend Zeit zum Reflektieren und der Unterstützung durch
eine große Gemeinschaft, die genau wie ich, freiwillig hierhergekommen ist und wo jeder etwas in sich selbst sucht, vom dem er
oder sie hofft, dass man es findet und gestärkt weitergehen kann.
Andere machen eine Ayurveda-Kur in einem schönen Ressort,
meist mit allem Komfort, unterhaltsamen Gesprächen und wohltuenden Behandlungen für den Körper – doch außer Ruhe und
Entspannung wird häufig zu wenig für den Geist getan«, fällt mir
dazu ein. Ich mag falsch liegen, vielleicht suche ich auch nur eine
Motivation für die Richtung, die ich persönlich eingeschlagen
habe. »Eine Ayurveda-Kur auf Sri Lanka kann ich ja immer noch
anhängen – ich habe ja eine Auszeit«, versichere ich mir selbst.

Weitere Hinweise zur Meditation

Gerade rechtzeitig schaffe ich den kurzen Weg vom Zellentrakt
zur Meditationshalle. Vorne sitzt schon der Meister in bekannter
Haltung und wartet in Ruhe ab, bis jeder seinen Platz gefunden
hat. Dann kommt wieder der Gong. Es geht los mit einigen Wiederholungen, doch auch neuen Hinweisen zur Meditation. Den
ersten finde ich gleich sehr hilfreich:

»Wir meditieren wieder fünfundzwanzig Minuten am Stück.
Dabei werdet ihr merken, dass eine gewisse Zeitspanne – in der
Regel so fünf bis zehn Minuten – vergehen, wo ihr Mühe habt,
zu einer wirklichen Beruhigung des Geistes zu kommen. Je geübter ihr werdet, umso schneller wird es gehen. Erst springen eure
Gedanken von einem zum anderen Objekt, ihr versucht, euch
auf den Atem zu konzentrieren, doch der Geist wandert wie von
selbst. Doch dann, ab einem gewissen Punkt, spürt ihr, wie die
Ruhe größer und tiefer wird. Deshalb bleibt dran. Auch wenn
ihr später zu Hause meditiert – es dauert jedes Mal, bis dieser
Effekt eintritt. Meditation im Schnelldurchlauf ist leider nicht zu
haben. Und eine Beobachtung des Geistes, wohin er springt, was
immer wieder hochkommt, schon gar nicht. Ja – dann kommt
leider wieder eine Phase, wo er unruhig wird. Vielleicht liegt es

auch an eurem Körper, der einen Ausgleich, eine Veränderung der Sitzhaltung verlangt. Spürt genau hin. « Dann der Schlag auf die Klangschale, zum Zeichen, dass es losgeht.

Ich schaue auf die Armbanduhr, stelle den Rücken einigermaßen gerade, sehe zu, dass die Beine möglichst unverkrampft verschränkt sind, schließe die Augen, Hände in den Schoß, die linke locker auf der rechten ruhend, atme dreimal tief durch, versuche in die Versenkung zu gehen. Die Session von fünfundzwanzig Minuten Sitzmeditation kann losgehen. Das Zählen beim Einatmen bis vier, eine Sekunde anhalten, bis vier wieder ausatmen, eine Sekunde ausgeatmet bleiben, dieser Rhythmus hilft zunächst, um die hochkommenden Gedanken zu vertreiben. Allerdings nur kurzfristig, bis sich die nächsten Geistesblitze melden. So geht es eine Weile. Doch tatsächlich, irgendwann werde ich ruhiger. Zwar jeweils nur für überschaubare Zeit, aber ich spüre es deutlich und empfinde es als sehr wohltuenden Zustand. Dann fallen mir die Worte vom Meister ein, bin neugierig, schaue ganz schnell auf die Uhr. Tatsächlich, so um die sieben Minuten hat es gedauert. Damit dürfte ich noch ziemlich bei den Anfängern liegen. Kurze Ablenkung, kurze Unterbrechung, notiere ich im Geist und fange wieder mit dem Zählen an. Bis die Ruhe wieder größer wird. Und erneut ein Störenfried von Gedankenkino das Hirn bewegt. Doch es geht. Hinein in die Ruhe und wieder hinaus. Hin und wieder kann ich mir einen ganz kurzen Blick auf die Gemeinde um mich herum nicht verkneifen. Ja, sie sitzen noch alle da und arbeiten an ihrer »Erleuchtung«. Keiner muckt herum. Die Gruppendynamik hilft sehr, die vollen fünfundzwanzig Minuten durchzusitzen. Bis schließlich der Schlag auf die Klangschale wieder das Ende dieser Runde einläutet. Langsam die Augen öffnen, Abschied nehmen, sich auf die Umgebung einlassen, erneut im Hier und Jetzt ankommen. Einige Streckübungen helfen dabei, manchmal auch lautes Gähnen. Es folgt eine kurze Pause, bis wir zu einer zweiten fünfundzwanzigminütigen Sitzmeditation eingeladen werden. Es folgt derselbe Ablauf.

Danach verlangt mein Körper aber wahrhaftig sein Recht auf

Bewegung. Der Rücken ist verspannt, die Knie tun weh von der langen ungewohnten Haltung, der Nacken und die Schultern melden sich, der Kopf will hin und her und dann im Kreis gedreht werden, Arme und Beine brauchen Ausschütteln. Der Geist will endlich wieder frei tanzen. Der letzte Ton der Klangschale ist diesmal das Signal der Befreiung.

Chanting: Sich darauf einlassen

Nach einer kleinen Pause werden wir wieder zu einer Runde Meditation im Gehen gerufen, deren Ablauf heute Morgen erläutert wurde. Ich bin dankbar, dass ich nicht schon wieder sitzen muss, und versuche, mich auf die Bewegung der Beine, Füße und des Atems zu konzentrieren. Tatsächlich würde ich jetzt viel lieber den weitläufigen Park erforschen, die heißen Quellen suchen, die dort irgendwo liegen sollen, möglicherweise etwas joggen, in jedem Fall gerne etwas für diesen Körper und die Augen tun. Doch hier ist etwas anderes angesagt; in die Ruhe kommen und die Konzentration auf den Geist.

Ich beherrsche mich und folge dem geplanten Tagesablauf – der irgendwann meldet, es ist 17 Uhr, Treffen in der Meditationshalle, zum gemeinsamen Singen und der Rezitationen buddhistischer Texte. Sie nennen es hier Chanting. Ich weiß zwar nicht so recht, was das soll und ob das mein Ding ist, habe ich doch schon den Gesang in meiner angestammten christlichen Kirche verweigert, aber ich fordere mich selbst auf: »Lass dich drauf ein! Keiner kennt dich hier, keiner sieht dich!« Und so finde ich mich wieder im Kreis meiner Mitsucher, nehme ein Kissen und gehe in Meditationshaltung. Vorne sitzt jetzt ein anderer Mönch, der sich zunächst kurz vorstellt. »Ich bin Tan Sujiwo.« Wieder bin ich erleichtert, dass er in einem gut verständlichen Amerikanisch redet; ich glaube einen leichten Südstaatenakzent herauszuhören, doch jedes Wort ist gut verständlich. Auch seine Geschichte zu seinem Weg in dieses Kloster beginnt mit dem amerikanischen Peace Corps, bei dem er vor fünf Jahren ausgeschieden ist. Davor hatte er in den USA Mathematik studiert und nach der Zeit im

Peace Corps wollte er »da irgendwo wieder anknüpfen«, wie er sagt, jobbte so eine Weile herum, bis ihn sein Weg nach gut einem Jahr zurück nach Asien führte, weil er von diesem Kontinent »*so impressed and formed*« gewesen sei. Analog seinem Vorredner landete er dann über verschiedene Stationen hier, im Wat Suan Mokkh, wo er sich erst vor zwei Jahren entschloss, das Gelübde zum Mönch abzulegen. »Es ist nicht jedermanns Weg, in die Meditationspraxis und in die Lehre vom Buddhismus als Mönch einzutauchen«, sagt er, »aber es ist mein Weg. Wie lange ich dies bleibe, darüber kann ich nichts sagen. In Thailand ist es durchwegs üblich, dass man für eine gewisse Zeit die Mönchskutte anlegt, aber dann wieder in eine andere, durchaus weltliche Richtung zurückkehrt.«

Ich hätte gerne etwas mehr gewusst über seine Beweggründe, über den Verlauf seiner eigenen Geschichte, hätte gerne mit ihm persönlich geredet, genau wie mit seinen beiden Vorrednern, und nehme mir vor, ihn an einem der letzten Tage, wenn man Gelegenheit zu einem direkten Gespräch hat, darauf anzusprechen. Es folgt eine kurze Pause und dann hebt er wieder die Stimme und gibt uns einige Erläuterungen zu dem, was kommt, nämlich Gruppensingen und das Rezitieren buddhistischer Texte.

Hinter ihm liegt der kleine Teich, in dem zu dieser Zeit allmählich die Frösche ihr Begleitkonzert anstimmen. Ganz ähnlich der Grillen in diesem Park fangen sie irgendwann, wie auf ein geheimes Kommando, an zu quaken, steigern sich zu einem gemeinsamen orchestralen Crescendo, um dann, so als ob ein unsichtbarer Dirigent den Taktstock von weit oben nach ganz unten reißen würde, schlagartig ins Silentium zu fallen. »Passt wunderbar«, bemerkt mein Geist, »natürlicher Lärm gemischt mit geheiligten Texten muss irgendeinem Gott, so es ihn denn gibt, bestimmt gefallen.«

Chanten von Pali-Texten: Fragwürdiger Sinn, nix verstehen

Ob mir das Singen auf Dauer gefällt, kann ich zu diesem Zeitpunkt noch nicht beurteilen, doch ich beschließe, alle Hemmungen abzulegen. Es wird ein Zettel verteilt mit dem Text in Pali und darunter die Übersetzung in Englisch. Wir sollen erst den Originaltext laut ablesen, was dann so klingt:

> *Buddham saranam gacchami* –
> [Ich nehme Zuflucht zum Buddha]
> *Dhammam saranam gacchami* –
> [Ich nehme Zuflucht zum Dhamma]
> *Sangham saranam gacchami* –
> [Ich nehme Zuflucht zum Sangha]«

Oder den Text, hier in deutscher Übersetzung:

> »Vor dem erhabenen Buddha, dem Befreiten, vollkommen Selbsterleuchteten, Erhabenen, verneige ich mich.
> Vor dem Dhamma, der gut dargelegten Lehre des Erhabenen, verbeuge ich mich tief.
> Vor dem Sangha, der Ordensgemeinschaft der gut praktizierenden Schüler des Erhabenen, verbeuge ich mich tief. «

Und das Ganze in Pali! Es ruft Erinnerungen hervor an meine kurze Zeit als Ministrant. Ich sollte Texte auf Latein rezitieren und hatte als Schüler an einer Waldorfschule keine Ahnung, um was es ging. Worauf ich sie letztlich nur noch als eine Art Zaubersprüche empfand und meine Kirchenkarriere schnell beendete. Ich muss gestehen, als ich, der sich inzwischen in die Kategorie »Agnostiker in Richtung Atheist« einreiht, diese Texte lese, kräuseln sich zunächst meine Nackenhaare, da ich so viel Religiosität nicht erwartet hatte – ging ich doch bisher davon aus, dass es sich beim Buddhismus um eine atheistische Religion, also eine Religion ohne Gott, handelt. Aber ganz offensichtlich haben sie aus ihrem Buddha doch noch einen Gott gemacht. Dass ich die Texte auch noch im Original, also auf Pali, rezitieren soll, geht hart an meine Toleranzgrenze – doch ich mache zunächst mit und finde das Ganze irgendwann mehr komisch als ernsthaft und beschließe, meinen inneren Gartenzaun noch ein Stück weiter zu verschieben. Singen, so wird behauptet, soll ja auch frei machen. So rezitiere ich, stimme sogar mit ein, als daraus so etwas wie ein Gesang wird, beschließe jedoch innerlich, dass dies die Stunde sein kann, wo ich mich in den nächsten Tagen heimlich verdrücken und meiner Neigung nachgehen kann, die Umgebung etwas genauer zu inspizieren.

Auch diese Stunde vergeht, wie sie kam, und der Tag weicht langsam einer kurzen, rot gefärbten Dämmerung, um dann in eine tiefe Dunkelheit zu versinken. Es ist 18 Uhr und laut Plan eine Tea Time in der Speisehalle angesagt. Zeit auch für die nicht wenigen Moskitos, die offensichtlich um diese Zeit ebenso einen kleinen Imbiss gebrauchen können – und zwar aus Menschenblut. Genauer gesagt, aus meinem Blut. Doch wir sollen sie nicht totschlagen, wurde uns schon in der Morgenstunde gesagt, denn das wäre Gewaltanwendung, die der anständige Buddhist verachtet, und außerdem bräuchten die Vögel diese Moskitos als Nahrung. Wir sollen sie verscheuchen, aber nicht totklatschen. Ich bin nicht sicher, wie lange ich mich an diese Art von Gewaltlosigkeit aushalten kann und meinen Körper als Nahrungsquelle hergeben will!

Zu meiner Überraschung gibt es außer Tee doch noch einen kleinen Snack in Form von Bananen, sogar in einer Menge, die für alle reicht, auch wenn es nur etwa zwei Stück pro Person sein sollen. Jetzt ist eine ganze Stunde Pause und Zeit für die persönliche Reflexion, die ich nutze, um ein paar Notizen in meinem Tagebuch zu machen.

Eintrag in meinem Tagebuch
Einiges läuft hier anders ab als erwartet, aber so weit, so gut. Die Verherrlichung Buddhas, die Anbetung in den zahlreichen Tempeln überall in Thailand, die Texte von heute Nachmittag, all das scheint im Widerspruch zu der Aussage,

dass es sich hier um eine Religion ohne einen Gott handelt. Vielleicht ein anderer Gott als der unsere – aber was oder wer ist Gott überhaupt? Ich brauche da noch eine Erklärung! Doch bin ich hierher gekommen, um mich von bisherigen Mustern zu lösen, und es ist sinnvoll, ganz entspannt zu warten, was die nächsten Tage bringen.

Noch ist der Tag nicht ganz zu Ende. Nach der Tea Time folgen noch ein Dhamma-Vortrag und eine Meditation im Sitzen mit Anleitung, bis um 21 Uhr Schluss ist und eine halbe Stunde später die Tore geschlossen werden.

So bewegt sich zu entsprechender Zeit ein jeder und eine jede mit Taschenlampe in der Hand zur Dhamma Hall, um der letzten Belehrung des Tages zu lauschen. Ich bin gespannt, was kommt. Inzwischen ist es stockdunkel geworden und nicht einmal der Rest eines Mondes beleuchtet das Gelände. Die Halle ist nun mit kleinen, beinahe romantischen Funzeln beleuchtet, Santikorn sitzt vorne, hinter ihm quakt ab und zu ein Frosch, eine Vielzahl unbekannter Viecher machen undefinierbare Geräusche, die Nacht ist angenehm schwül und schwer von tropischen Düften.

»Diesen Morgen haben wir über die ersten drei Edlen Wahrheiten geredet«, fängt er an, »es fehlt noch die Vierte. Über die reden wir jetzt. Die Erste war, dass das Leben Dukkha ist, also eine Art chronischer Imperfektionen; die Zweite, dass es dafür eine Ursache gibt, in Abhängigkeit von bestimmten Ereignissen und Konditionen; die Dritte, dass Dukkha ein Ende hat; und schließlich die Vierte, dass es zur Beendigung von Dukkha einen bestimmten Weg gibt, nämlich eine grundsätzliche Lebensweise zur Findung von Klarheit, den wir jetzt genauer betrachten.«

Die Vierte Edle Wahrheit: Der Edle Achtfache Pfad

»Eine grundsätzliche Lebensweise zur Findung von Klarheit«, wiederhole ich innerlich und bin neugierig auf das, was er dazu vorschlagen wird. Ich habe viel mitgeschrieben im Laufe dieses Tages und mir fest vorgenommen, einiges davon so bald wie möglich zu reflektieren und in der kleinen Bibliothek mit den englischsprachigen Büchern irgendwann zu vertiefen. Einige Fragen sind aufgetaucht, und geradezu als ob der Mönch meine Gedanken gelesen hätte, macht er einen Vorschlag:

»Ich bin ziemlich sicher, dass bei den bisherigen und künftigen Ausführungen Fragen auftauchen, die ihr gerne beantwortet haben wollt. Am zehnten Tag wird es Gelegenheit geben, mit einzelnen Mönchen und auch dem Abt zu reden. Da dies ein Schweigeseminar ist, könnt ihr aber zwischenzeitlich Fragen auf kleine Zettel schreiben, diese in den Korb da vorne legen« – dabei deutet er mit der Hand auf einen runden, flachen Behälter aus geflochtenen Bambusblättern – »und wir werden abends oder morgens jeweils eine Zeit einplanen, zu denen diese dann beantwortet werden.«

Eine Frage wird sein, notiere ich im Kopf, dass er dieses Non-Self oder Nicht-Selbst, Anattā auf Pali, noch etwas genauer erklärt – falls es sich bis dahin nicht erledigt hat. Außerdem habe ich mir vorgenommen, ein paar dieser Pali-Begriffe, die inzwischen durch mein Hirn schwirren, auswendig zu lernen, da sie als ein integraler Bestandteil dieser Lehre erscheinen und in den Dhamma Talks immer wieder auftauchen. Das mit Gott und der Einstellung der Buddhisten dazu möchte ich auch noch genauer hinterfragen.

»Der Achtfache Pfad«, geht es los, »sind acht Anweisungen, die alle mit ›Right‹ beginnen« – dabei übersetze ich innerlich »Right« mit »Recht« oder auch »Richtig« –, »sie unterteilen sich in drei Gruppen: Die ersten beiden sind *Rechte Ansichten* und *Rechte Gedanken* und sollen Weisheit oder Einsicht vermitteln, wir nennen sie auf Pali *Panna*. Die zweite Gruppe ist im moralischen Bereich angesiedelt, auf Pali *Sila*. Dazu gehören *Rechtes Reden, Rechtes Handeln* und schließlich die *Rechte Lebensführung*. Und der dritte Bereich ist das, was zu *Samadhi* führt, übersetzt zu so etwas wie einem konzentrierten, fokussierten Geist.

Panna – Weisheit

Dazu jetzt im Einzelnen: *Rechte Ansicht* entsteht dadurch, dass man stets achtsam vorgeht und sich auf die Vergänglichkeit aller Dinge besinnt. Dadurch entsteht eine distanziertere Betrachtungsweise mit mehr Objektivität und eine neutralere Sichtweise. Rechte Ansicht versucht den Kern der Sache zu erkennen und nicht nur ein vorgefertigtes Denkmuster, das dahinterstecken mag. Intellektuelles Wissen alleine basiert oft auf Modellen und Konzepten, die häufig ungültig oder bereits überholt sind und einer persönlichen Erfahrung widersprechen. Ein neutrales Untersuchungsmodell diesbezüglich ist: ‚Weil es dieses gibt, gibt es jenes. Weil dieses entstanden ist, entstand jenes.‘ Mit diesen einfachen Fragen kommt man den Dingen auf den Grund. Zweifel können zwar immer wieder auftauchen, aber letztlich ist die Erkenntnis aus einer fundierten Betrachtungsweise die Voraussetzung für den folgenden Schritt, den zweiten Faktor auf diesem Weg, die *Rechte Absicht* (engl. *Right Attitude* oder auch *Right Intention*). Denn, nachdem ihr so etwas wie den richtigen Einblick erreicht habt, verlangt eine weise Entscheidung eine positive Einstellung mit der Rechten Absicht; einfach gesagt, die Beantwortung der Frage: ‚Was habe ich vor und wohin führt mich dies oder jenes?‘ Anders ausgedrückt: die Definition einer ‚richtigen‘ Zielsetzung, hin zu einem positiven Resultat.

Sila – Moral

Der moralische Teil des Edlen Achtfachen Pfads, die Sila-Gruppe, ermahnt uns zu einer Sprache, die keinen anderen verletzt, beleidigt oder auch abwertet; wir verstehen darunter die *Rechte Rede*. Des Weiteren *Rechtes Handeln*, wenn wir schließlich in eine Aktion treten und dabei dem Töten, dem Diebstahl und dem sexuellen Missbrauch entsagen. Eigentlich muss dazu nicht viel erläutert werden, ich glaube, jeder hier weiß, was damit gemeint ist. Bleibt als letzter dieses moralischen Teils noch, einem *Richtigen Lebenserwerb* nachzugehen. Dabei ist die entscheidende Frage: Ist das, was ich tue, gut für mich selbst und für die Gesellschaft? Sila bedeutet Gutes zu tun und folglich mit sich selbst und mit dem, was man tut, in Einklang zu sein. Wenn wir niemanden verletzen, nicht stehlen, nicht lügen, gibt es wenig, was wir zu bereuen hätten und wir fühlen uns gut mit uns selbst – in einer positiven Form von Selbstzufriedenheit. Alles, was wir tun, sollte für uns selbst und die Gesellschaft positiv sein.

Samadhi – Erleuchtung durch Konzentration

Damit kommen wir schon zum dritten Bereich, dem Samadhi-Teil dieses Achtfachen Pfads, nämlich *Rechte Anstrengung, Rechte Rücksicht, Rechte Konzentration*. Dabei geht es bei der Rechten Anstrengung darum, seinen Geist so zu kontrollieren, dass möglichst keine schlechten Gedanken aufkommen und man diesen keinen freien Lauf lässt. Mit Rechter Rücksicht ist gemeint, aufmerksam gegenüber dem eigenen Körper, der Gesellschaft, seinen Gefühlen und dem, was sich im Geist abspielt, zu sein. Bleibt noch Rechte Konzentration, die Fokussierung auf eine Sache: sich also nicht verzetteln, indem man die verschiedensten Dinge gleichzeitig macht – auch wenn das im realen Leben, wie ich wohl weiß, nicht immer einfach ist!«

Schließlich fasst er zusammen: »Man kann den Achtfachen Pfad somit in drei Sektionen einteilen: *Sila* betrifft die Moral, *Samadhi* die Konzentration und *Panna* ist die Weisheit.«

Um dann noch hinzuzufügen: »Diese sehr einfachen Regeln sind allen buddhistischen Schulen gemeinsam. Je mehr wir sie praktizieren und verinnerlichen, umso deutlicher wird ihre Klarheit und umso einfacher unser Leben. Der Buddha hat selbst gesagt: Meine Lehre handelt vom Leiden, von dessen Entstehen, dessen Beendigung und dem Weg dorthin. Alles, was entsteht, ist vergänglich und hat kein eigenes Selbst. So einfach ist das Wesen dieser Lehre.«

Es scheint nicht ganz so einfach zu sein, denn was ich hier in kurzen Sätzen wiedergebe, dauert in Echtzeit eine ganze Stunde. So schaut er irgendwann auf den kleinen Wecker, den er vor sich aufgebaut hat, und stellt mit leichtem Entsetzen fest, dass er seine Zeit wohl etwas überzogen hat. »Oh«, sagt er, »es hat etwas länger gedauert, als ich dachte. *Excuse me!* Aber kommt bitte doch wieder pünktlich zu der letzten Meditationsübung des heutigen Tages in einer Viertelstunde.«

Erst mal alles sacken lassen

Nach all diesen guten Worten muss ich mich zuerst gründlich strecken und nehme mir vor, das Ganze erst einmal sacken zu lassen. Eigentlich, so überlege ich, ist dieser Achtfache Pfad ja ein recht logisches und einfach zu befolgendes Regelwerk, dem man leicht folgen kann. Ein guter Teil davon findet sich, zwar in anderer Wortwahl, in den Zehn Geboten unserer christlichen Welt wieder, hier ist jedoch einiges noch deutlicher ausgedrückt, namentlich die Teile, die besagen, was dabei mit einem selbst passiert – wie das Erreichen einer gewissen Weisheit, Zufriedenheit und Klarheit im Denken. Ich nehme mir vor, die Gedanken, die dabei auftauchten, durch spätere Gespräche und über vorhandene Literatur noch zu vertiefen, denn ich glaube, dass doch noch eine ganze Menge mehr drinsteckt. Dieses Seminar hier sehe ich als Einstieg in einen Weg, von dem ich mir erhoffe, dass es mir neue Denkimpulse gibt und einen gewissen Abstand zu meiner bisherigen Welt. Ich bin schon sehr gespannt auf die nächsten Dhamma Talks und auf das, was diese Mönche hier zu sagen haben.

Die folgende Meditationssitzung verläuft ziemlich ereignislos. Ich bin froh, dass der Mönch vorne nicht mehr viel sagt, denn der Kopf ist voll für heute und selbst die sonst störenden Gedanken fallen nicht mehr so wuchtig ein wie tagsüber. Wahrscheinlich haben sie sich, ganz wie mein physischer Körper, einer angenehmen Müdigkeit hingegeben und sind froh, mit sich alleine gelassen zu sein.

Es gibt jedoch noch eine Aufforderung: »Morgen werdet ihr um vier Uhr mit einer Glocke geweckt, und um 4:30 Uhr folgt eine Vorlesung buddhistischer Texte in der Dhamma Hall, gefolgt von einer Meditation im Sitzen. Um 5:15 Uhr ist dann, jeweils getrennt für Frauen und Männer, eine längere Session mit Yoga oder Thai-Chi, damit euer Körper nicht zu kurz kommt. Die Frauen treffen sich dazu in dieser Dhamma Hall, die Männer in der neuen, kleineren Halle nebenan. Dafür brauchen wir noch zwei Yoga-Lehrer, eine Frau und einen Mann. Ich hoffe, es sind unter euch zwei Personen, die das können. Bitte melden.«

Ich bin erstaunt, als sich tatsächlich eine Frau und zwei Männer melden. Erstmals an diesem Tag darf geredet werden – von diesen Personen, die sich kurz vorstellen. Bei der Frau ist die Sache schnell erledigt. Bei den Männern, einem Holländer und einem Österreicher, entscheiden die Kenntnisse der englischen Sprache. Der Österreicher erzählt, er hätte zwei Jahre in den USA gelebt, worauf der Holländer den Kelch erleichtert weiterreicht.

»Passt auf dem Weg zu euren Schlafkammern bitte auf«, gibt uns Santikorn noch eine Empfehlung mit, »benutzt die Taschenlampen. Denn es gibt Schlangen hier und auch Skorpione. Zwar sind nur wenige gefährlich, aber alle mögen nicht, wenn man auf sie tritt!« Nicht nur ein guter Hinweis, sondern ein absolut notwendiger, wie sich später noch herausstellen soll.

Mir fällt noch der Korb mit den Zetteln ein und die Frage, die mich zu Buddha und Gott beschäftigte. So schreibe ich schließlich auf: »Ist Buddha für euch nicht doch so etwas wie ein Gott? Und wie ist eure Einstellung generell zu einem Gott? Wie ist das mit den vielen Buddha-Figuren überall in Asien und mit den Geisterhäuschen hier in Thailand?« Ich bin sehr gespannt, was als Antwort kommen wird.

So schlurfe ich zu meiner Zelle, auf meine Schritte noch besser achtend als in der Gehmeditation, untersuche die harte Zementpritsche nach ungebetenen Gästen und bin heilfroh, dass ich mir vorsorglich eine selbstaufblasbare, dünne Matratze sowie einen eigenen Schlafsack aus dünner Seide mitgenommen habe. Es ist stickig heiß und kaum ein Lüftchen bringt Abkühlung. Das mich umgebende Moskitonetz sorgt für zusätzlichen Luftstau. Ich sinniere noch über den Tag, mache mir ein paar Notizen, als pünktlich um 21:30 Uhr auch noch die äußerst sparsame Glühbirne über mir ausgeschaltet wird. Es ist nun stockdunkle Nacht, die nur von meinen eigenen stummen Gedanken und deutlich lauteren, mysteriösen Tierlauten aus der Umgebung belebt wird, bis ich in einen angenehmen Schlaf falle, der nur manchmal durch schmerzende Gliedmaßen unterbrochen wird, die mit der harten Unterlage nicht ganz zurechtkommen.

Der zweite Tag

Es ist vier Uhr morgens, als eine laute Glocke gnadenlos meine Tiefschlafphase beendet. Es ist genauso stockdunkel wie nicht viele Stunden vorher, doch es ist um diese Zeit angenehm kühl und ein Blick auf meinen Wecker mit den unübersehbaren Leuchtziffern bestätigt, dass es sich um keinen Fehlalarm, sondern um den Beginn eines neuen Tages im Meditation Center handelt. Der Körper meldet »Liegen bleiben«, doch der Geist sagt »Disziplin. Aufstehen!«. In der Zelle neben mir vernehme ich leichtes Rumoren und nehme an, mein bislang unbekannter Nachbar hat ebenso beschlossen, dass der Geist Herr über das Fleisch sein soll und nicht umgekehrt. So finde ich mich nach einer Katzenwäsche und mit Anstellen an den wenigen Toiletten eine knappe halbe Stunde später, wieder mit Taschenlampe ausgerüstet, auf dem Trampelpfad zur Meditation Hall. Dort sitzt schon Meister Sujiwo, umgeben von einigen Kerzen und Räucherstäben, auf seinem dicken Kissen und schaut zu, wie sich die Halle füllt. Ich bin leicht erstaunt, dass sich offensichtlich eine starke Mehrheit der Teilnehmer zu dieser sehr frühen Stunde aufgerafft hat, dem offiziellen Schedule zu folgen und nicht einem tieferliegenden Schlafbedürfnis. Vielleicht waren die Betonmatratzen, genau wie für mich, doch zu hart für die verwöhnten Körper meiner Mitgenossen aus dem Westen. In jedem Fall gewöhnungsbedürftig – selbst mit dünner Luftmatratze!

Morning Reading: Einsicht und Weisheit finden im Kopf statt

Mit einem Good morning begrüßt uns zu dieser frühen Stunde Meister Sujiwo mit gefalteten Händen und einigen tiefen Verbeugungen in alle Richtungen. Er darf reden, wir nicht. Und so folgt als Echo eine Unzahl schweigender Verbeugungen der auf Kissen sitzenden Schar in seine Richtung.

»Für die morgendliche Belehrung zum Buddhismus benutzen wir hier verschiedene Bücher und interpretieren diese; zum Teil sind sie von Buddhadasa Bikkhu, dem Gründer dieses Klosters und des Meditation Centers. Diese könnt ihr, wenn ihr wollt, für wenig Geld in unserem kleinen Buchladen kaufen, um euer Wissen später zu vertiefen. In den Tagen dieses Retreats möchten wir das Wesentliche über den Buddhismus erklären, insbesondere welche Richtung von Buddhismus wir hier in Thailand praktizieren. Diese Erklärungen werden wir an den einzelnen Tagen und in den verschiedenen Abschnitten vertiefen.«

Alle großen Religionsstifter schrieben selbst kein einziges Wort

Ich bin spontan erleichtert, dass offensichtlich keine Originaltexte aus der *Suttapitaka*, den Lehrreden Buddhas, kommen, die für den Laien ziemlich abstrakt erscheinen und damit nicht einfach zu goutieren sind, sondern offensichtlich eine verständliche Darstellung für ein nicht gelehrtes Publikum. Das Rezitieren von buddhistischen Texten von gestern Abend hinterließ in mir doch einen eigenartigen Nachgeschmack, sowohl was deren Esoterik als auch die Wahl der Worte betrifft. Schließlich kam ich nicht hierher, um mir eine neue Religion anzueignen, sondern um nachzudenken und brauchbare Impulse für mein eigenes Leben zu finden. Was ich im Folgenden als Einleitung zu hören bekomme, beruhigt mich allerdings:

»Wie schon Moses, Jesus und auch Mohammed hat auch Buddha nie ein eigenes Wort selbst verfasst. Alle seine Reden wurden, wie auch die von den anderen Religionsgründern, erst sehr viel später, nach deren jeweiligem Tod und nach mündlichen Überlieferungen aufgeschrieben. Die Thora so ab dem fünften Jahrhundert vor unserer westlichen Zeitrechnung, das Neue Testament am Ende des zweiten Jahrhunderts nach Christi Geburt, der Koran etwa zweihundert Jahre nach dem Tod Mohammeds und die Lehrreden Buddhas auch erst so um zweihundert Jahre nach dessen Ableben im Jahr 483 vor Jesu Geburt. Alleine diese Tatsache, nämlich dass keiner dieser Religionsgründer selbst etwas geschrieben hat, lässt logischerweise einen gewissen Interpretationsspielraum zu – für jede Religion!«

An dieser Stelle macht er eine kurze Pause zur Besinnung und wiederholt dann: »Wir befassen uns daher also nicht mit Originaltexten, sondern mit allgemein verständlichen Texten für Laien. Nur manchmal flechten wir ein Originalzitat ein, dessen Inhalt wir uns dann aber genauer anschauen.«

Wusch – ich bin erleichtert, der Mann will also in einer Sprache reden, mit der ich etwas anfangen kann, und nicht in einem verschwurbelten Sermon, mit dem ich schon im heimischen Religionsunterricht meine Probleme hatte.

»Lasst mich mit der Historie beginnen. Geboren wurde Siddharta Gautama, der spätere Buddha, nach der Überlieferung im Jahr 563 vor der christlichen Zeitrechnung in Nordindien und gestorben ist er 483. Die genauen Daten sind allerdings umstritten und für uns hier auch nicht relevant. Interessant ist für uns, wie sich seine Lehre ausgebreitet hat und welche Richtungen sich dabei ausgeprägt haben. Beginnen wir mit Indien. Dort spielt der Buddhismus schon lange keine große Rolle mehr. Er konnte den dort heimischen Hinduismus nie verdrängen. Später kamen der Islam und dann noch das Christentum hinzu. Im heutigen Sri Lanka dagegen, dem früheren Ceylon oder auch Silan, wie es bei den Arabern hieß, hat sich die ursprüngliche Form, die sogenannte Schule der Älteren, der *Theravada-Buddhismus*, bis zum heutigen Tag verfestigt, und in Sri Lanka wurden auch die ersten Aufzeichnungen der Lehre angefertigt. Diese Art des Buddhismus wird heute auch in Thailand, Kambodscha, Laos und Burma praktiziert. Eine andere Lehrrichtung, der *Mahayana-Buddhismus*, hat sich im Norden Asiens verbreitet, namentlich in Tibet, Nepal, Bhutan, über China in die Mongolei, nach Korea und schließlich nach Japan; Letzteres bekannt in der Form des *Zen-Buddhismus*. Es gibt noch weitere Ausprägungen, beispielsweise den *Vajrayana-Buddhismus*, doch soll dies hier keine Vorlesung über die verschiedenen Lehrrichtungen sein, sondern herausstellen, welche Lehrsätze für alle verbindlich sind.«

Er stellt noch einige Merkmale heraus, die ich historisch als interessant empfinde, für mich an dieser Stelle allerdings als nicht relevant beiseite lege. Vielmehr nehme ich mit einer gewissen Genugtuung zur Kenntnis, dass nicht nur das mir vertraute Christentum, genauso wie der Islam und auch das Judentum, ganz verschiedene Ausprägungen und auch Lehrmeinungen entwickelt haben. Weshalb ich schon vor langer Zeit zu meiner persönlichen Erkenntnis kam, dass auch ursprüngliche Dogmen von den gleichen Menschen verändert werden können, von denen sie irgendwann aufgestellt wurden – und somit in den Bereich von Glauben fallen und dort, nach meiner Meinung, besser bleiben sollten. Religionen – und wahrscheinlich auch ihr jeweiliger Gott – so meine persönliche Meinung, sind eine Erfindung der Menschen, über deren Sinn und Wert man trefflich streiten kann.

Befreiung durch sich selbst

»Was allen buddhistischen Richtungen gemeinsam ist«, nimmt Tan Sujiwo den Faden wieder auf, »ist die Erkenntnis, dass sich der Mensch selbst mithilfe von Einsicht und Weisheit von Dukkha – pauschal formuliert als ‚Leiden‘ – befreien kann. Was Dukkha ist, seine Ursachen und den Weg, wie man Dukkha beendet, haben wir gestern besprochen. Buddha zeigte an, wie man über den eigenen Geist dieses Leid – Dukkha – beenden und auch die menschliche Angst besiegen kann. Diese Methode nennen wir Buddhismus.

Dukkha ergibt sich bereits durch die Geburt, die Tatsache, dass der Mensch von Krankheiten heimgesucht wird, dass er einem Alterungsprozess unterliegt und irgendwann stirbt. Dieser Prozess ist unumstößlich. Man muss ihn zur Kenntnis nehmen, auch wenn er in einzelnen Phasen – namentlich in den schmerzvollen, wie im Fall von Krankheiten oder im Alter – schwer zu ertragen ist. Die Akzeptanz dieser plausiblen Logik hilft allerdings, das Leben bewusster wahrzunehmen, nicht einfach so dahinzuleben, sondern es in seiner Gesamtheit zu betrachten, das Schöne und Gute zu vertiefen und das Negative, das Belastende zwar nicht auszublenden, aber nach Möglichkeit zu bearbeiten, um ihm seinen eigenen Platz zu geben. Dahin, wo es nicht mehr so ganz präsent ist und im Idealfall sich auflösen kann. Dazu ist es sinnvoll, dass man zunächst die Funktion des Geistes und des Bewusstseins einer genaueren Betrachtung unterzieht – eine Sichtweise, die allen Schulen des Buddhismus gemeinsam ist, mit der sich aber auch zahlreiche Philosophen des Westens beschäftigt haben.

Damit befassen wir uns noch eingehender im Laufe des Tages. Jetzt ist aber erst die Morgenmeditation dran und danach eine gute Stunde Yoga-Übungen. «

So ungefähr war das erste Morning Reading, die erste viertelstündige Unterrichtung an diesem Morgen, eine sehr grobe Einstimmung auf den Buddhismus, die sicher noch weiter vertieft werden wird. Die folgenden dreißig Minuten Sitzmeditation, die frühe Konzentration auf den Atem in noch schwarzer Nacht und mit deutlicher Müdigkeit in den Knochen werden zur Herausforderung des Geistes über den schlaffen Körper. Doch was danach kommt, gut eineinhalb Stunden Yoga-Übungen, bringt sowohl den Geist als auch die Gliedmaßen in Schwung.

Yoga-Stunde mit Wiener Tonlage

Wir Männer ziehen um in die neue Meditation Hall, wo der österreichische Lehrer schon auf uns wartet und sich in englischer Sprache, gefärbt von Wiener Tonlage, kurz vorstellt: »Mein Name ist Alex, ich bin 42 Jahre alt, hatte vor zehn Jahren einen Motorradunfall und saß nach mehreren Operationen im Rollstuhl. Über zwei Jahre eisernes Training, zuerst Krankengymnastik, dann Yoga, kam ich ganz langsam wieder in Form. Seit gut drei Jahren bin ich in Wien nebenberuflich Yoga-Lehrer. Im Hauptberuf habe ich ein Ingenieurstudium absolviert und arbeite in der IT-Branche.«

Ich bin sehr gespannt, wie er sich bewegen und welche Übungen er anleiten wird. Was kommt, setzt mich in Erstaunen. Der Mann bewegt sich höchst gelenkig, ohne jede sichtbare Einschränkung, und leitet uns zuerst zu einfacheren Übungen an, mit Namen wie »Baum«, »Herabschauender Hund«, »Krieger« oder »Heldenstellung«. Die meisten sind mir aus dem heimischen Yoga-Unterricht vertraut. Dabei nennt Alex die dazugehörigen Originalnamen zusätzlich in Sanskrit – ich bin aber total zufrieden mit den einfacheren Bezeichnungen in Englisch. Pali überfordert mich schon, ich brauche nicht auch noch Sanskrit! Schließlich, nach gut einer Stunde, jubelt der Körper, dass er außer Sitzen und meditativen Gehbewegungen auch noch zu weitaus anderen Regungen fähig sein darf. Geist, Körper und Seele wollen schließlich gleichermaßen bedient werden! Am ersten Tag war der Körper etwas unterfordert; für meinen Geschmack zu viel Sitzen, zu viel Zuhören, zu wenig Bewegung. Ich weiß, dass dieser, mein Corpus, zwischen den einzelnen Stunden noch etwas zusätzlichen Auslauf brauchen wird.

Diese frühe Stunde hat aber noch eine weitere schöne Begleiterscheinung. Zuerst ganz zögerlich, dann immer schneller erleben wir, wie die schwarze Nacht in den hellen Morgen übergeht, wie die Dunkelheit einem weichen Licht Platz macht und irgendwo am Horizont erstaunlich rasch die Sonne aufgeht. Zuerst zartrosa, dann immer mehr ins Rote übergehend, bis sie sich schließlich in einen kräftig gelben Ball verwandelt. Begleitet, zur Begrüßung des neuen Tags, von einem Konzert Tausender verschiedenartiger Vögel und fremdartiger, tropischer Laute. Die Luft verwandelt sich zeitgleich und fühlbar, von einer morgendlichen Frische in die feuchte Schwere dieser tropischen Breitengrade. Ich bin froh, zu dieser frühen Stunde aufgestanden zu sein, anstatt in einem nicht besonders komfortablen Bett auf den hellen Tag gewartet zu haben.

Nach der ausreichend langen Yoga-Session muss auch Alex wieder in den Schweigemodus überwechseln und begleitet uns zum nächsten Dhamma-Vortrag mit anschließender Meditationsübung.

So wie der erste Tag, hier etwas ausführlicher geschildert, verläuft nun jeder weitere nach demselben Muster, in einer Abwechslung aus Belehrungen und Meditationen. Es bietet sich daher an, im Folgenden einzelne Abschnitte und Erkenntnisse in einem weitläufigeren Zusammenhang zu schildern, anstatt den stundenweisen Ablauf zu beschreiben. So zieht sich das folgende Thema »Geist und Bewusstsein« in mehreren Einheiten durch diesen Tag.

Im Dhamma-Vortrag um sieben Uhr kommt schon die erste Herausforderung, denn ich muss gestehen: Ein philosophischer Vortrag zu so früher Stunde ist doch recht ungewöhnlich für mein Hirn, das normalerweise um diese Zeit in Einheit mit meinem Körper unter der warmen Dusche verbringt und maximal in der Lage ist, ans folgende Frühstück zu denken. Doch ich staune – die morgendliche Frische, zusammen mit einem gewissen Gruppendruck, regt offensichtlich die geistige Disziplin an und vertreibt aufkommendes Gähnen wie von selbst. Meister Santikorn legt gleich los:

Geist und Bewusstsein

»Wenn ich euch frage, wo Geist und Bewusstsein sitzen, wird jeder von euch sofort auf den Kopf deuten, dahin, wo das Gehirn sitzt. Und das ist ja auch nicht falsch – aber auch nicht ganz richtig, denn zum Bewusstsein gehört auch das Erfassende, das Wahrnehmende, im Zusammenspiel mit den Sinnen. Diese Sinne sind bekanntermaßen: Sehen, Riechen, Schmecken, Hören, Fühlen – als sechstes der Gleichgewichtssinn –, und diese werden durch die verschiedenen Organe im menschlichen Körper wahrgenommen wie Augen, Nase, Ohren und so weiter. Über den Geist entsteht dann ein sogenanntes Sinnesbewusstsein als Teil des Bewusstseins.

Wahrnehmen und Erkennen, tiefliegende innere Intelligenz

Bewusstsein an sich ist das Erfassende, das *Wahrnehmende* – und die Objekte sind das Wahrgenommene. Achtung: Es besteht ein Unterschied zwischen Wahrnehmende und Wahrgenommene! Wie wir die Objekte wahrnehmen, ist damit eine subjektive Sache des Geistes – und keine objektive!

Über das *Bewusstsein* erleben wir Glück und Leid – ist uns etwas nicht bewusst, geht es an uns vorbei, es ist dann wie Luft. Erst die Wahrnehmung, das Erfassende, gibt dem Wahrgenommenen Form und Materie! Durch geistiges Bewusstsein fangen wir an zu denken, zu beurteilen, treffen Entscheidungen, sind in der Lage, Verantwortung zu übernehmen oder uns hinzugeben. Dazu wieder ein einfaches Beispiel aus meinem eigenen Leben, bevor ich Mönch wurde, und das wahrscheinlich jeder hier kennt: Du liegst im Bett neben einer Frau (oder einem Mann) und bist in Gedanken noch mit deinem Job beschäftigt, denkst über dies und das nach. Wo ist der Mensch neben dir? Völlige Nebensache, so gut wie nicht existent! Erst wenn du dich dieser Person widmest, sie anschaust, dich ihr zuwendest, sie wahrnimmst – dann passieren ganz andere Sachen: Sie ist auf einmal da, sie ist präsent und, wie jeder und jede weiß, es können plötzlich wundersame Geschichten passieren. Aus einem Nichts sind Form und Materie entstanden – aber erst, als der Geist sich auf diese Person gerichtet hat.«

Das Wesen des Geistes

Santikorn macht wieder eine kleine Pause, um das Gesagte sinken zu lassen, dann fährt er mit seinen Erklärungen zu dem, was er mit einem kleinen Vorwort »Das Wesen des Geistes« nennt, fort:

»Unter dem Begriff *Wesen des Geistes* beziehen wir uns in diesem Zusammenhang auf so etwas wie seine Eigenschaft, seine Fähigkeiten – und dieses Wesen des Geistes an sich wird in allen buddhistischen Schulen als klar und erkennend beschrieben. Mit *Erkenntnis* wird ausgedrückt, dass der Geist in der Lage ist, die verschiedensten Dinge und Eindrücke wahrzunehmen, sie zu beurteilen. Klarheit ist dabei die Fähigkeit zu vernünftigem, nüchternem Denken. Ursprünglich kommt Klarheit aus der Optik, vom Sehen her; wenn etwas hell, durchsichtig, rein ist, dann ist es klar. Klarheit kann man auch im Umgang mit anderen Menschen zeigen: Dann ist Klarheit so etwas wie Ehrlichkeit, Offenheit – man lässt den anderen wissen, um was es geht, wie man fühlt. Wer klar denkt, ist in der Lage, auch klar zu analysieren, und kann zunehmend seiner Intuition, seinem Gespür vertrauen, indem er/sie Zugang zu seiner/ihrer tief liegenden, inneren Intelligenz erhält.

Geistesfaktoren

Zusätzlich wird das Bewusstsein von einer Anzahl von sogenannten Geistesfaktoren unterstützt, wie Empfindung, Wille, Aufmerksamkeit, Berührung und Unterscheidung.

Die *Empfindung* ist, wie man etwas subjektiv wahrnimmt – als angenehm, unangenehm oder neutral. Das *Erleben* von Glück, Leid oder Indifferenz gehört mit zu diesem subjektiven Bereich. Die *Aufmerksamkeit* lenkt den Geist in eine bestimmte Richtung, auf ein definiertes Objekt oder Subjekt. Der Wille schließlich ist das, was den Geist zum Handeln, in die Aktivität bewegt. Er ist ein Impuls, der den Geist ständig von einem Objekt zum anderen bewegt. Daraus resultiert *Verlangen* beziehungsweise *Begierde*.

Über die *Berührung* stellt man den *Kontakt* mit einem Objekt oder Subjekt her und über den Kontakt wird das *Bewusstsein* aktiviert, das dann entsprechend unterscheiden, beurteilen, empfinden kann.

«Ich weiß, « – fasst Santikorn zusammen – »das klingt zunächst sehr theoretisch. Ist es aber nicht – denn praktisch angewendet hilft diese Aufgliederung, die Funktionsweisen des Geistes und die daraus folgenden Handlungen zu verdeutlichen und zu verstehen. «

Ich bin froh, mir eifrig Notizen gemacht zu haben, um später und in Ruhe diese interessanten Ausführungen zu überdenken. Denn in der anschließenden Meditation merke ich, wie sie mich weiter beschäftigen und wie ich in dieser Meditationsübung immer wieder von der Konzentration auf den Atem abweiche und aus der eigentlichen Meditation eine Konzentrationsübung mit angestrengtem Überlegen wird. Ein Muster, das ich aus der Vergangenheit und von den heimischen Übungen kenne und in das ich immer wieder hineingleite. Doch es hat durchaus seinen Nutzen; ich spüre, wie in der Meditation die Gedanken erst befriedet werden – um den Geist dann in die Lage zu versetzen, klarer denken zu können. Um mich wieder auf den Atem konzentrieren zu können, greife ich mehrfach zum empfohlenen Hilfsmittel der gefalteten Hände mit der Zentrierung auf den Atem. Es wirkt!

Die einzelnen *Funktionen des Geistes* beschäftigen mich noch sehr lange und ich staune, dass sich ein Mensch – nämlich Buddha – schon vor rund zweieinhalbtausend Jahren in diesem Kulturkreis mit derartigen Themen auseinander setzte. In Griechenland war das ungefähr die Zeit von Platon, Sokrates und Aristoteles, Männer, die zu ähnlich tiefen Gedanken fähig waren und deren Aussagen genauso die Welt prägten. Mir fallen auch die Chinesen Lao-Tse und Konfuzius ein – die ebenfalls ungefähr in diesem Zeitraum lebten. Ich frage mich an dieser Stelle, ob nach neuzeitlicheren Philosophen wie Schopenhauer oder Nietzsche für unsere Generation von derartigen Denkern noch viel Neues kommen kann. Vielleicht, so überlege ich, ist alles Wesentliche bereits erdacht und auch niedergeschrieben. Wir müssten es nur anwenden.

Geist und Mind

Die Beschreibung des Geistes hat mit dieser morgendlichen Session noch nicht ihr Ende gefunden. Es fehlen noch einige interessante Ausführungen, die in den folgenden Modulen im Laufe des Tages ergänzt werden:

»Der Geist«, greift Meister Santikorn das Thema etwas später wieder auf, und er benützt das englische Wort *mind*, das ich persönlich als umfassender als das deutsche »Geist« empfinde, weil man für *mind* auch Übersetzungen findet wie Verstand, Absicht, Neigung, Wunsch und dergleichen, die ebenfalls für Sichtweisen stehen, die im Kopf abgehen. *Mind* finde ich in seiner Bedeutung universeller und nicht so konkret, nicht so einengend. Die deutsche Sprache verfügt in gewissen Bereichen über deutlich mehr Wörter als die englische und kann somit in Teilen sehr viel spezifischer sein, aber in diesem Fall gefällt mir das Umfassende – das auch ein Aufnehmendes ist – sehr viel besser als die Zerlegung in präzisere Einzelteile.

Gezielt gelenkter Geist, Eigenschaften und Fähigkeiten

»*The mind*«, wiederholt er, »besteht aus keiner Materie, jedoch aus zwei wesentlichen Teilen, über die wir vorhin geredet haben: dem Bewusstsein und aus diesem Bewusstsein heraus der Fähigkeit zur Ratio, der Logik, zur Erkenntnis, die schließlich zum Handeln führt. Weil der Geist selbst keine Materie besitzt, hat er auch ganz besondere Eigenschaften: Er ist blitzschnell – er kann in Bruchteilen von Sekunden von einem Objekt zum anderen springen, wie zum Beispiel von jetzt auf gleich von dieser Meditationshalle auf den Mond, der Geist kann einfach nur beobachten – oder sich dort einen runden oder halben Mond vorstellen, er kann an Astronauten denken, die dort gelandet sind, er kann sich unvermittelt dazu die tollsten Geschichten ausdenken, Erinnerungen hervorholen, und genauso unvermittelt kann er auf ein anderes Objekt oder Subjekt, auf das seine Aufmerksamkeit durch einen neuen Impuls gelenkt wird, springen. Das könnte zum Beispiel sein, dass sein Blick plötzlich die Person vor ihm erfasst – die er vorher ignoriert hat – und dass sich sein Geist nun voll und ganz mit dieser befasst. Das könnte ein Impuls durch einen Geruch gewesen sein, durch eine Regung dieses Menschen oder – ich nehme ein ganz profanes Beispiel – dass er auf einmal sieht, dass dieser Körper, der da vor ihm sitzt, sehr sympathisch, vielleicht sogar begehrenswert aussieht. Denkt bitte an das Sinnesbewusstsein, das Wahrnehmende, die Empfindung, über die wir vorhin geredet haben. Vielleicht entscheidet das Analytische eures Geistes dann unerwartet, dass diese Person doch nicht so begehrenswert ist, wendet sich schnell wieder ab und erfasst etwas Neues – vielleicht nur, weil gerade ein Frosch laut quakt oder weil der Körper meldet, dass das Knie vom Sitzen wehtut oder was auch immer. Ihr seht aus dieser ganz einfachen Geschichte sowie der Tatsache, dass euer eigener Geist meiner Erzählung willig gefolgt ist, sich sofort etwas Eigenes vorgestellt hat, wie bereitwillig er von einem Ereignis zum nächsten springt. Das heißt im Klartext, dieser Geist ist einerseits *pfeilschnell*, aber auch *sprunghaft* und total *flüchtig*, also *nicht permanent*. Der Geist ist zwar zur Erinnerung fähig, kann somit immer wieder zu etwas zurückkehren, etwas Vergangenes hervorholen, aber er folgt sehr willig der Ablenkung, der Orientierung hin zu einem anderen Objekt.«

An dieser Stelle macht er eine kurze Pause, ich sehe, wie ihm die Gemeinde an den Lippen hängt, ehe er fortfährt: »Und diese Flüchtigkeit des Geistes kann man sehr gezielt einsetzen! In dem Fall, dass euch etwas herunterzieht, ein vergangenes Erlebnis, eine Erinnerung beispielsweise, die negative, depressive Gedanken hervorruft, dann könnt ihr diesem Geist ganz bewusst eine neue Nahrung, einen neuen Ort geben, indem ihr euch etwas Positives vorstellt, irgendetwas, das diesen Geist vom Negativen ab- und zu etwas Erfreulicherem hinlenkt. Er folgt euch sehr, sehr bereitwillig! Wenn ihr das öfter und bewusst übt, werdet ihr feststellen, dass es erstaunlich gut funktioniert. Denn genauso wie Leid eine Sache des Geistes ist, so sind es auch Freude oder Glückseligkeit. Der mentale Zustand ist und bleibt eine Sache des Geistes, der Einstellung, der individuellen Betrachtungsweise! Man kann alles im Leben negativ sehen oder auch positiv, das weiß jeder. Genau wie jeder von euch eine bestimmte Sache wahlweise wohlwollend oder herabwürdigend beschreiben kann. Würde ich jetzt über die Artikel in einer Zeitung reden, dann würde ich sagen, am besten objektiv und neutral, unter Betrachtung aller Aspekte, und nicht suggestiv, meinungsgefärbt.«

Ich bemerke, wie er da wieder eine kleine Kunstpause macht und nachdenklich grinst. Die kleine Geschichte mit der Person vor mir lenkt meinen eigenen Geist tatsächlich in neue Bahnen.

In meiner unmittelbaren Nähe bemerkte ich wiederholt einen Mann und eine Frau ungefähr in meinem Alter, die zwar schweigen wie der Rest der Zuhörer, aber offensichtlich immer wieder in Blickkontakt treten und durch verhaltene Gestik ihre Zustimmung austauschen oder im Extremfall einen Bleistift heben als Zeichen, dass dieses oder jenes notiert werden soll. Mein Geist, von dem ich nun bestätigt bekommen habe, dass er blitzschnell sein kann – wenn er mag (!) –, findet, dass die beiden recht interessant aussehen und dass ich sehr gerne mit ihnen ins Gespräch kommen würde. Darf ich aber nicht. Der Geist soll an diesem Ort schließlich nur aufnehmen, zuhören, beobachten – und nicht unmittelbar in die Ablenkung, in den Dialog abschweifen. So kann ich nicht einmal nach ihren Namen, nach ihrer Herkunft fragen – geschweige denn über das mit ihnen reden, was sie offensichtlich beschäftigt. Ich nehme mir vor, sie weiter zu beobachten und vielleicht am zehnten Tag, am Ende der sprachlichen Quarantäne, mit ihnen in verbalen Austausch zu treten. Dass das, was der Meister soeben über die praktische Anwendung, um es deutlich zu sagen: über die *Manipulationsmöglichkeit des Geistes*, von sich gegeben hat, muss ich noch sehr viel länger und nachhaltig nachdenken. Es ist zwar nicht ganz neu, in seiner Klarheit jedoch einen Eintrag wert:

Eintrag in meinem Tagebuch
Du kannst, offensichtlich, wenn du willst und dazu dein Bewusstsein einsetzt, deinen Gefühlszustand lenken.
Dies erscheint besonders dann als hilfreich, wenn negative Gedanken oder schlechte Erinnerungen hochkommen und versuchen, dich zu beherrschen. Du kannst sie bewusst durch positive Impulse verschieben, ihnen einen neuen Platz zuordnen. Deswegen musst du kein Verdränger werden – bearbeiten ist besser –, aber du musst auch nicht in einer depressiven Phase stecken bleiben. Auch Ärger oder Enttäuschungen kannst du mit dieser einfachen Methode reduzieren. Mit dem Geist arbeiten ist besser als Pillen schlucken!

Zeitweiser Rückzug für nachfolgende Präsenz

Inzwischen ist es wieder Mittag geworden, ich habe meine täglichen Arbeiten für die Gemeinschaft erledigt und eine Pause genutzt, um einen Gang durch das weitläufige Gelände zu machen. Es ist groß genug, sodass man kaum einem anderen Menschen begegnet. Mit Freude entdecke ich einen kleinen Teich, in dem einige Lotosblumen blühen, bunte Fische schwimmen, und blaue Libellen, die darüber in der Luft schwirren. Es ist erholsam, einmal nicht ständig auf den Geist zu achten, sondern nur zu beobachten und sich lediglich den Sinnen hinzugeben. Unweit davon sehe ich unter hohen Kokospalmen die Hütten, in denen die Mönche wohnen – einfache, auf Stelzen stehende und mit Palmenstroh gedeckte Bambushäuschen, jeweils mit einer kleinen Terrasse und einer Leiter versehen, die mich an einen Jägerstand erinnern, wo nichts ist außer dem absolut Notwenigen. Später sehe ich diese Bauweise noch öfter und erfahre, dass die höhergesetzten Hütten so einen Schutz vor Schlangen und Ungeziefer bieten. Ich kann gut nachempfinden, dass man in dieser Einfachheit, beschränkt auf das Wesentliche, sehr gut zum Kern des Grundsätzlichen kommt. Zeitweiser Rückzug, um in der Folge voll präsent zu sein.

Schlabberklamotten und westliche Denkmodelle

Sehr froh bin ich über die lockeren, weißen Schlabberklamotten aus weicher Thai-Baumwolle, die ich schon am Anfang dieser Reise auf dem kleinen Markt gleich hinter dem Strand gekauft hatte. Sie flattern in dem leichten Wind sanft um meinen Körper, saugen den Schweiß auf und erweisen sich als total bequem bei den zahlreichen Vorträgen und Meditationsübungen. Die meisten anderen Teilnehmer sind ganz offensichtlich zur selben Erkenntnis gelangt. Europäisch gestylte Modeteile – hier absolut fehl am Platz! Wahrscheinlich ähnlich wie einige unserer westlichen Denkmodelle. Ich baue bereits ein gewisses Gespür dafür auf, dass ich auch in diesem Bereich noch einiges auswechseln werde!

Eine Runde Gehmeditation später treffen wir wieder auf Meister Santikorn, der seinen Ausführungen über den Geist noch einige Ergänzungen hinzufügt. Wir sitzen wieder vor ihm auf Meditationskissen oder kleinen Sitzhockern, er auf einem größeren Kissen, das ich inzwischen innerlich als Mönchsthron bezeichne. Mit einem langen Blick in die Runde und dem Schlag auf die Klangschale greift er das Thema vom Morgen noch mal auf:

»*The mind* hat noch ein paar Eigenschaften, über die wir ebenfalls reden sollten. Ist euch bewusst«, fragt er in die Runde, »dass der Geist keine Zeit kennt – darüber habe ich bereits geredet –, aber auch keinen Raum? Stellt euch vor, ihr seid jetzt nicht in dieser Halle, die nach allen Seiten offen ist, sondern in einem Zimmer mit Mauern, einem Fenster und einer Tür. Für euren Geist existieren diese Begrenzungen jedoch in keinster Weise! Er kann sich sofort durch jede Mauer denken, sich vorstellen, dass dahinter vielleicht noch ein Zimmer ist oder dass hinter der Tür ein Flur ist, und wenn er durch das Dach über euren Köpfen dringen will, so kann er sich den Himmel und die Wolken darüber ausmalen oder was immer er will. Dazu kann er Erinnerungen benutzen oder beliebige Vorstellungen aus einer ganz anderen Welt. Ich glaube, darüber nachzudenken und dies zu verinnerlichen ist ganz wichtig: *Der Geist kennt keine Zeit und keinen Raum!* Denn dieses Bewusstmachen führt noch zu einer anderen Erkenntnis – nämlich zu dem leicht dahingesagten Satz ›*Der Geist ist frei*‹. Ja, der Geist lässt sich weder einsperren, noch lässt sich freies, unabhängiges Denken verbieten, er kann hingehen, wo er will, denn er ist schließlich frei.« Kleine Kunstpause. »Doch dieser Geist will auch bewegt und entwickelt werden. Denn über seine individuellen Sichtweisen bestimmt er auch über das, was wir unter Ethik oder Moral verstehen und empfinden. Dementsprechend bestimmt er unser Denken und unser Handeln.«

Ethik und Moral, freier Geist

Wieder eine kleine Sprechpause; bestimmt macht er sie absichtlich, damit seine Worte ihre Wirkung noch besser entfalten können.

»Zunächst will ich definieren, was unter *Ethik* beziehungsweise unter *Moral* verstanden wird. Viele behaupten, Ethik kommt aus dem Griechischen und Moral aus dem Lateinischen, der Sinn sei aber derselbe. Einspruch! Ethik liegt tiefer, quasi unterhalb der Moral. Man kann sagen, die Ethik ist so etwas wie der gemeinsame Nenner, der für alle Kulturen und Völker gleichermaßen gilt, wie ›Du sollst auf deine Kinder aufpassen, sie ernähren, ihnen etwas beibringen, sie zu brauchbaren Menschen erziehen‹ oder auch, dass man ›Kranke und Alte beschützt, ihnen hilft‹. Im Prinzip reden wir da über so etwas wie das, was in den Zehn Geboten enthalten ist oder analog im Buddhismus in den *Five Precepts*, die euch sicher bekannt vorkommen, nämlich: Du sollst nicht töten, nicht stehlen, nicht lügen, dich von sexuellen Verfehlungen und von berauschenden Mitteln fernhalten. Nur fünf an der Zahl, sehr einfach und überschaubar – bestimmt nicht ganz unbekannt und neu, wie gesagt, schaut in die Zehn Gebote.

Moral dagegen ist etwas anderes. Sie liegt auf einer anderen Stufe und wird von der jeweiligen Gesellschaft, von Religionen oder Völkern definiert und kann in verschiedenen Teilen der Welt völlig anders gesehen werden. Ein einfaches Beispiel: Dass ein Mann und eine Frau sich auf der Straße küssen, erscheint in westlichen Gesellschaften völlig normal; in islamisch geprägten Ländern ist dies aber keineswegs so – es gilt weitgehend als unmoralisch. Dies soll in keiner Weise eine Bewertung sein, sondern nur ein Bild zur Veranschaulichung, damit ihr seht, was gemeint ist. Bitte also nicht missverstehen! Ähnlich ist es damit, dass ein Mann einen Mann und eine Frau eine Frau heiraten kann. In westlichen Gesellschaften hat es Jahrhunderte gedauert, bis es, zumindest in den meisten Ländern, akzeptiert wurde – in anderen Gesellschaften ist es immer noch tabu. Auch hier bitte keine Bewertung! Das Beispiel soll nur darstellen, wie gewisse Dinge so oder so gesehen werden können – hier innerhalb der örtlichen Moral genehmigt, dort unmöglich. Der individuelle Geist jedoch ist frei für seine eigenen Sichtweisen. Er sollte sich allerdings innerhalb der allgemein gültigen ethischen Grenzen bewegen – und meist kann es das Leben einfacher machen, wenn er die lokalen, gesellschaftlichen Spielregeln akzeptiert.«

Diese Ausführungen zum freien Geist kommen mir nicht ganz neu vor, aber ich empfinde sie als eine gute Zusammenfassung. Dazu fällt mir spontan ein altes deutsches Volkslied ein, das so ungefähr um das Jahr 1800 im Kampf gegen politische Unterdrückung aufkam:

Die Gedanken sind frei,
Wer kann sie erraten?
Sie fliehen vorbei
Wie nächtliche Schatten;
Kein Mensch kann sie wissen,
Kein Kerker verschließen.
Wer weiß, was es sei?
Die Gedanken sind frei.

Oder ein Friedrich Schiller, der es in *Wallensteins Tod* so formuliert: »Eng ist die Welt – und das Gehirn ist weit.« Wie könnte man es klarer ausdrücken?

Für mich persönlich erneuere ich ziemlich spontan meinen Vorsatz, weder einer Religionsgemeinschaft noch einer Partei beizutreten, denn verordneter Fraktionszwang mit Kadavergehorsam einerseits und Volksvertretung, die laut Grundgesetz nur ihrem Gewissen verantwortlich sein soll, schließen einander schon per Definition aus. Andererseits bliebe nur wieder der heimliche Rückzug in die Gedankenfreiheit. Für mich – so meine Überlegungen – reicht es schon, wenn ich mich hin und wieder in meinem Job oder in meiner Familie verbiegen muss.

Heilsame, unheilsame und neutrale Geisteszustände

»Zum Abschluss dieser Ausführungen zum Geist«, nimmt Santikorn den Faden nach einer gefühlten Minute wieder auf, »möchte ich noch ein paar Hinweise zu dem geben, was wir im Buddhismus heilsame, unheilsame und neutrale Geisteszustände nennen. Ich beginne mit den *unheilsamen Geisteszuständen*. Diese entstehen durch eine falsche Beurteilung der Wirklichkeit, durch die es wiederum zu starker Begierde, Hass oder Verblendung kommt, welche den Geist in einen undisziplinierten, oft feindseligen Zustand versetzen, der schließlich für uns selbst oder andere zu leidverursachenden Handlungen führt. Wir kennen dafür auch den Begriff der *drei Geistesgifte*. Was *Gier* (oder Begierde) und *Hass* sind, das weiß jeder von euch. Unter *Verblendung* verstehen wir einen Zustand, wo man sich selbst etwas vormacht, sich Illusionen hingibt oder sich Ziele setzt, die von vornherein unerreichbar bleiben.«

Leider bleibt keine Zeit, um zu reflektieren. Doch intuitiv erkenne ich, dass da eine ganze Menge Menschlichkeit in mir steckt, über die ich einmal in Ruhe Bilanz ziehen sollte.

»Im Kontrast dazu stehen die **heilsamen Geisteszustände**. Das sind bewusste, von einem konkreten Willen geleitete Handlungen, die auf dem rechten *Erkennen der Wirklichkeit* beruhen. Damit verbunden sind *Zuneigung, Mitgefühl, Verständnis* und *Weisheit*, die unmittelbar zu Handlungen positiver Natur führen. Dementsprechend lösen sie beim Handelnden selbst ein Gefühl von Glück und Zufriedenheit aus. Ich nehme dazu ein einfaches Beispiel, mit dem jeder etwas anfangen kann: Du hilfst einem Blinden über eine belebte Straße. Was für ein inneres Gefühl gibt dir das? Ja – so etwas wie eine innere Wärme, vielleicht von Stolz – ‚Ich habe soeben etwas Gutes getan‘. Oder du merkst, dass ein Geschäftspartner dabei ist, einen Fehler zu machen, und weist ihn darauf hin. Man nennt das auch Fairness. Wie fühlst du dich dabei? Wahrscheinlich besser, als wenn du ihn über den Tisch gezogen hättest. Oder in Zusammenhang mit der Natur: Du setzt dich ans Meer und beobachtest einen Sonnenuntergang.

Jeder weiß, was das in einem auslöst – ein Gefühl der Ruhe, von Zufriedenheit, vielleicht *Reflexion*. Noch so ein Beispiel: Du hast angestrengt an deinem Computer gearbeitet und hebst den Blick, schaust in das Grün der Bäume vor dir. Was bewirkt das? Sicherlich Entspannung, wahrscheinlich ganz neue, kreative Impulse. Es ist also gut für den Geist und für noch etwas, was im Westen als ‚Seele‘ bezeichnet wird, im Buddhismus zwar auch bekannt ist, aber nicht in derselben Definition. Dazu später mehr.« Wieder meine schnelle innere Reflexion: Ja, da ist was. Sogar vieles, das ich sehr wohl kenne – aber Santikorn hat es sehr gut auf den Punkt gebracht. Ich mache eine kurze Bemerkung ins Notizbuch für später, um über das Gesagte genauer nachzudenken, denn es geht schon weiter:

»Und schließlich die *neutralen Geisteszustände*«, höre ich Meister Santikorn wie in einiger Entfernung, »das sind Handlungen, die karmisch weder positive noch negative Wirkungen, also weder Glück noch Leid verursachen. Über Karma werden wir auch noch im Einzelnen reden – jetzt nur ganz kurz: Es sind Auswirkungen, die durch unsere Handlungen entstehen.

Alle drei Geisteszustände betreffen jede Form von geistiger, körperlicher oder sprachlicher Handlung und alle haben Konsequenzen auf das Karma, das wir uns noch genauer anschauen werden – genau wie auf das, was ihr Seele nennt.«

Ich muss gestehen, diese zunächst etwas theoretisch erscheinenden Ausführungen haben mich neugierig auf mehr gemacht – was ich als durchwegs positiv empfinde. Nach einer weiteren Meditationsrunde, der anschließenden Tea Time und letzter Abendmeditation mit Tan Dhammavit ist auch dieser Tag gelaufen. Auch wenn die viele Sitzerei und die Konzentration auf den Atem manchmal nervig war, finde ich, war doch eine Menge an Anregungen in diesen ersten beiden Tagen dabei. So freue ich mich noch auf eine kleine Spazierrunde zum Ausklingen mit der Taschenlampe in der Hand und dann auf den Rückzug in die Einzelzelle.

Dort reflektiere ich noch eine Weile über die Inhalte dieses Tages. Die buddhistischen Sichtweisen erscheinen mir bisher durchwegs für den praktischen Alltag geeignet – mehr als vieles von dem, was ich aus dem christlichen Religionsunterricht mitgenommen habe. Es wurde kein Wort von einem strafenden Gott, von »*Du sollst*« oder »*Du sollst nicht*« geredet, sondern von Hinweisen, von Tugenden, von persönlichen Verhaltensweisen und deren nachvollziehbaren Auswirkungen auf das eigene Selbst und die unmittelbare Umgebung. Keine Dogmen und auch keine völlig neuen Weisheiten, sondern recht einfache und umsetzbare Leitplanken, zum täglichen Gebrauch geeignet. Vielleicht hatte sich der Meister an manchen Stellen etwas trocken ausgedrückt – aber ich beschließe, das Gesagte als Anregungen mitzunehmen, um es anderswo, vielleicht in entsprechenden Büchern, weiter zu vertiefen.

Eintrag in meinem Tagebuch
Die beiden ersten Tage waren fast so etwas wie eine Psychologievorlesung. In dieser Form habe ich über die mentalen Zusammenhänge noch nie nachgedacht. So viel Zeit zur Meditation und zum Nachdenken war auch selten drin. »In der Klarheit liegt die Logik«, heißt es, vielleicht kommt noch mehr!

Der dritte Tag

Auch dieser Tag beginnt mit dem erbarmungslosen Geläute um vier Uhr in der Nacht, gefolgt von Katzenwäsche und dem Schleichgang in Richtung Meditation Hall. Wie Zombies, so denke ich, sehen wir aus in unseren bequemen Schlabberkleidern und mit der Taschenlampe in der Hand. Es liegt ein leichter Nebel in der Luft, es ist angenehm kühl zu dieser nächtlichen Stunde, die Vögel schlafen noch, doch irgendwo in der Ferne kräht schon der erste Hahn. Vielleicht hat er einen schlechten Traum gehabt, denke ich, vielleicht auch einen schönen, in dem er gerade ein Huhn besteigen wollte und dann aber gemerkt hat, dass da keines war. Kenne ich, solche Illusionen. Schöne Träume, nur ohne lebendiges Fleisch. Vorspiegelungen des Geistes, Verblendungen, von denen gestern die Rede war. *Let's see*, was heute kommt.

Über Gott und bedingtes Entstehen

Inzwischen steht der kleine Zeiger der Armbanduhr auf vier und der große genau in der unteren Hälfte, Start für die kleine Vorlesung buddhistischer Texte, die erste morgendliche Meditation und schließlich Yoga mit Alex. Alles ohne große Aha-Erlebnisse, ohne wesentliche Ereignisse – vielleicht bin ich einfach noch zu müde, wahrscheinlich meint mein Körper, dass Wachsein und taghell irgendwie zusammengehören. Denn erst als mittendrin beim Yoga die Sonne aufgeht, spüre ich, wie gleichzeitig in mir ein Lichtlein hochkommt und der Geist allmähliche Aufnahmebereitschaft für Neues signalisiert.

Buddha-Figuren und Beten

Das, was beim ersten Dhamma-Vortrag dieses Tages gleich um sieben kommt, ist nach meinem westlichen Empfinden ziemlich anspruchsvolle Kost und weckt sofort mein Interesse. Ich möchte allerdings hinzufügen, dass sich die folgenden Erläuterungen über mehrere Sessions dieses dritten Tages ziehen. Santikorn ist da mit dem Körbchen, in dem wir die beiden ersten Tage unsere Fragen legen konnten, und nach einer kurzen Einleitung liest er auch schon den ersten Zettel vor. Eine oder einen hatte dieses Thema bewegt:

»Überall in Thailand gibt es Tempel mit unzähligen Buddha-Figuren. Hier in der Anlage habe ich noch keine einzige gesehen und auch nicht drüben, in eurem Kloster. Auch ein Geisterhäuschen, das sonst vor jedem Haus im Garten steht, sehe ich hier nirgendwo. Habe ich etwas verpasst oder ist das hier was anderes?«

Santikorn kratzt sich am haarlosen Kopf, setzt ein leichtes Lächeln auf und fängt an zu erklären: »Warum ihr hier keine Buddha-Figuren seht, hängt mit dem Gründer dieser Anlage zusammen, dem Ehrwürdigen Buddhadasa. Er fand, dass diese und andere Symbole von der Konzentration auf den Geist und dem Wesentlichen ablenken. Für die Meditation und zum Reflektieren über das, was im Geist abläuft, braucht es keine äußeren Sinnbilder. Es stimmt allerdings nicht, dass es hier im Kloster keine Buddha-Figuren gibt. Es gibt ein paar. Diese wurden in jüngerer Zeit von wohlhabenden Sponsoren gestiftet und es wäre taktlos gewesen, sie abzulehnen. Manche Menschen brauchen Bilder oder Figuren für ihre Vorstellungskraft oder um in die Versenkung zu kommen. Ich nehme dazu wieder zwei Beispiele: In frühen christlichen Kirchen wurden Bilder verwendet, weil nur wenige Menschen lesen und schreiben konnten. So entstanden plastische Darstellungen, um Geschichten oder Personen zu verdeutlichen. Im Islam dagegen werden keinerlei Bilder in den Moscheen verwendet; einerseits, weil sie dem Götzendienst dienen könnten, andererseits, um die Konzentration auf die Lehre an sich, nämlich auf die Texte, zu fokussieren. Man kann das also wieder auf ›die Versenkung‹ reduzieren. Wenn ihr dagegen überall in Thailand Buddha-Statuen seht, so ist dies ein Entgegenkommen an die sogenannte Volksreligion. Sie helfen den meisten Menschen, sich bestimmte Aussagen oder Lehren des Buddhismus vorzustellen, so wie in christlichen Kirchen. Zudem strahlen die allermeisten Buddha-Figuren Ruhe aus und können damit dem Betrachter helfen, in einen ebensolchen inneren Zustand zu kommen. Hilft es, ist es gut – wenn man es nicht braucht, kann man es auch weglassen.«

Ich bin mit dieser Erklärung zufrieden, war die Frage doch etwas, was in mir die gleichen Zweifel geweckt hatte. Hier Konzentration auf den Geist, dort die zahlreichen Figuren und deren Verehrung durch Gläubige, die aus Buddha augenscheinlich doch wieder einen Gott gemacht haben.

Als ob Santikorn meine Gedanken gelesen hätte, nimmt er auch schon den nächsten Zettel in die Hand und sagt: »Da waren einige Fragen, die sich auf Buddha und Gott bezogen haben. So etwa wie diese hier: ›Ihr sagt, im Buddhismus gäbe es keinen Gott, aber dann wird in jedem Tempel mit gefalteten Händen und teilweise auf den Knien jede Buddha-Statue angebetet. Es werden Kerzen angezündet, die Menschen bewegen die Lippen – ganz offensichtlich beten sie doch zu so etwas wie einem Gott, tragen ihre Wünsche und Sorgen an ihn heran. Wo ist da ein Unterschied zum Christentum, zum Judentum oder zum Islam? Da ist doch ein Widerspruch. Kannst du das bitte erklären?‹«

Hallo – ist da ein Gott? Buddhismus und ein persönlicher Gott

Jetzt bin ich total gespannt, denn so ähnlich war ja auch meine Frage. Ohne Umschweife legt er los: »Einen Teil der Fragen – das mit den Sinnbildern – habe ich soeben beantwortet. Bleibt noch die Kernfrage mit Gott: ›Gibt es einen Gott im Buddhismus?‹«

Ohne lange herumzueiern, legt er los und verblüfft mich schnell, als er sagt: »Auch bei uns, in Thailand, gibt es ein Wort für Gott, das sogar ganz ähnlich dem englischen Wort *god* ist; nämlich gōt, was jedoch so viel wie ›Gesetz‹ bedeutet. Wenn ich sage Gesetz, dann meine ich nicht ein weltlich-rechtliches Gesetz, sondern das Naturgesetz, nämlich das *Gesetz des bedingten Entstehens*: Da dieses und jenes besteht, entsteht jenes, durch das Entstehen von jenem entwickelt sich dieses. *Irgendetwas muss existieren und vorhanden sein, damit aus diesem heraus etwas anderes entstehen kann.* Falls es für Buddhisten notwendig sein sollte, so etwas wie einen Gott zu haben, so würde ich sagen, diese Abhängigkeit voneinander, dieses bedingte Entstehen, ist der Gott der Buddhisten. Auf Pali heißt das *idappaccayatā*.«

Ich bin froh, dass dieses schwer zu merkende Wort nicht noch mal auftaucht.

»So etwas wie einen persönlichen Gott, eine Person als Gott oder auch Gottes Sohn, gibt es im Buddhismus nicht – auch wenn ihr durchwegs den Eindruck haben könnt, wenn ihr euch in unseren Tempeln umseht, dass wir Buddhisten diesen Buddha anbeten. Dabei heißt Buddha nichts anderes als Erleuchteter, also ,ein besonders Weiser' – ein Zustand, den im Prinzip jeder Mensch erreichen kann. Daher ist Buddha auch nicht der einzige Buddha, sondern es gab und gibt deren mehrere. Wir reden in der Regel allerdings von Gautama Buddha, der vor rund zweieinhalbtausend Jahren lebte. Und wenn ihr nun Menschen vor seinen Statuen seht und diese zu ihm beten, so ist dies etwas anders zu sehen – nämlich als ein inneres Bedürfnis der Menschen, einem geistigen Ideal auch eine bildliche Form zu geben. Deshalb die Bilder, die Statuen Buddhas, die Verehrung in Form eines Symbols, einer körperlichen Figur. Mit dem eigentlichen Buddhismus hat dies allerdings wenig zu tun. Der Buddhismus ist im Prinzip auch mehr eine Philosophie als eine Religion. Erst wenn man sich das Wort Religion genauer anschaut und dessen originäre Bedeutung, so stellt man fest, dass der Wortstamm aus dem Lateinischen kommt und *religio* so viel bedeutet wie ein verbindendes Band oder auch ein Bekenntnis. Damit passen wir wieder in die ,Religionen dieser Welt' – aber eben eine ohne einen Gott, so wie ihr diesen aus dem Christentum, dem Judentum oder auch dem Islam kennt.«

Jetzt hat er mich noch neugieriger gemacht, denn mit diesem unserem christlichen Gott habe ich ein ganzes Leben lang zu tun gehabt und mit ihm gehadert. In jungen Jahren wurde ich, so sagte man mir wenigstens, in seinem Sinne erzogen, ich wurde getauft, in die Schule und in den Religionsunterricht geschickt, man brachte mir bei, dass ich nur an diesen einen Gott, nämlich an den der Christen glauben durfte, der »keine fremden Götter neben sich duldet«, und dass dieser Gott schon alles richten werde, wenn ich nur genügend an ihn glauben und zu ihm beten würde. Man erzählte mir auch etwas von einer Erbsünde und von Schuld – mit der ich aber nie viel anfangen konnte, zumindest solange ich mir keiner eigenen Schuld für eigene Taten bewusst war. Ich sollte »gottesfürchtig« sein und diesen Gott zugleich lieben. Warum, wusste ich nie genau. Als Katholik musste ich beichten und fühlte mich danach, als Kind, immer besonders »rein« und sauber, wenn mein damaliges Kleinschuldnerkonto wieder durch den Herrn Pfarrer und die als Buße verordneten fünf Vaterunser oder Ave-Marias auf null gedreht wurde. Später, als ich anfing, ein mehr kritisches und selbstständiges Denken zu entwickeln, stellte ich davon vieles, wenn auch nicht alles infrage, wandte mich in meinen Zwanzigern den Sozialisten zu, die sich als die Guten und Besseren verstanden und die diesen Gott als solchen voll und ganz ablehnten und verneinten. Diese Faszination hielt jedoch nur kurz. Denn als ich merkte, dass in all den Ländern, die diesen Sozialismus praktizierten, aus dem eigentlichen Wortstamm »sozial« in aller Regel ein linker Faschismus geworden war, dass sozial und sozialistisch herzlich wenig miteinander zu tun hatten, wandte ich mich auch davon ab. Wie stets, war auch in diesem Fall die Realität der Illusion überlegen. Als wenige, jedoch sehr prägnante Beispiele fallen mir dabei immer wieder die Namen Mao Tse-Tung und Pol Pot in Asien ein, Stalin in Russland, Daniel Ortega in Nicaragua, der Kim-Clan in Nordkorea. Alles mit dem Vorzeichen Kommunismus oder Sozialismus. Seit den 70er-Jahren trugen in den Augen der Vertreter der verschiedenen sozialistischen Schulen der Einfachheit halber die Amis die Schuld an allem Bösen in der Welt, wurden zu so etwas wie dem Ersatzteufel stilisiert. Für mich jedoch, als Person, erschien dieser

»liebende, allmächtige Gott« meiner christlich geprägten Herkunft grundsätzlich tiefer in mir verankert zu sein, als ich dachte. Immer wenn ich mich besonders schwach fühlte oder krank war, wenn die Anforderungen des Lebens übergroß erschienen, war er wieder da. Es zog sich durch mein Leben. Manchmal, in meiner Not, war ich über mich selbst überrascht oder auch verärgert, wenn ich anfing, ihn aus der Versenkung zu holen und begann, heimlich, still und leise, zu ihm zu beten – frei nach dem Motto »Hilft's, is' gut, hilft's nix, is' auch gut«. Manchmal, so hatte ich das Gefühl, half es sogar! Und als ich erlebte, wie die Religionen in den Ländern der ehemaligen Sowjetunion schneller aufblühten und organisiert waren als die eigentlichen Staaten selbst, da war ich mehr als erstaunt und fragte mich, wie und woher das kam. Das Bedürfnis nach einem Helfer in der Not, nach einem, der stärker und größer ist als man selbst, das war wohl auch dort vorhanden. Egal ob sie ihren christlichen, islamischen, manchmal auch hinduistischen oder buddhistischen Gott hervorholten. Ganzen Völkern erging es so wie mir als kleinem Einzelnen. Und was dieser buddhistische Mönch da vorne soeben über seine Landsleute und ihre Buddha-Verehrung gesagt hatte, das war nichts anderes. Dieser, mein innerer und persönlicher Gott, erschien mir wie eine Krücke, die man hervorholt, wenn man sie braucht, und wieder weglegt, wenn man alleine weitergehen kann.

Nicht sehr weit entfernt von hier, in Khao Lak, das im Dezember 2004 beinahe vollständig vom Tsunami ausgelöscht worden war, war ich auf einer anderen Reise auf einen markanten chinesischen Buddha-Tempel mitten im Ort neben einem Hotel gestoßen. Auf meine Frage nach der Herkunft dieses Bauwerks erfuhr ich, dass dieses Hotel und die Familie des Besitzers damals weit und breit als Einzige von der Riesenwelle verschont geblieben waren und dass seine Besitzer geschworen hatten, dafür ihrem Buddha einen gebührenden Ort zu bauen. Auch dort wurde täglich sehr deutlich gebetet und die in Thailand üblichen Opfergaben hinterlassen. Eine Religion also ohne Gott? Bestimmt nicht! Ich hatte große Zweifel an der Aussage dieses Mannes da vorne.

Ich war so in meine Gedanken vertieft, dass ich erst wieder aufmerkte, als ich das Wort *creator* hörte. Schlagartig war ich gespannt, ob dieser Buddhist da vorne auf seinem Podest noch etwas zu einem Gott als Schöpfer, einem Allwissenden, einem, der lenkt und steuert, sagen wird. Auch dies eine Frage, zu der ich zwar meine persönlichen Antworten gefunden hatte, aber überprüfen wollte, ob sein Denkmuster in das meine passte. Für mich, so bislang meine These, war Gott in erster Linie eine großartige Erfindung des Menschen. Doch so ganz ohne Zweifel war ich bezüglich dieser meiner Erkenntnis nicht.

Gott, aber kein Schöpfer und selbst der Pilot sein

»Einen Schöpfergott, der das Universum und damit auch diese Welt geschaffen hat, den kennen wir im Buddhismus ausdrücklich nicht«, höre ich ihn da vorne sagen, »der Gott des Buddhismus, wenn ihr so wollt, ist das Naturgesetz vom bedingten Entstehen« – er nennt es *conditionality* (Bedingtheit) – »und der Beendigung von Dukkha, wenn man die Erkenntnisse der Vier Edlen Wahrheiten richtig anwendet. Ich wiederhole«, fährt er fort, »damit ist der Buddhismus mehr eine Philosophie, die praktisch nachvollziehbar ist, und nicht eine Religion mit einem allmächtigen Gott als Schöpfer, Allwissender, als Verzeihender oder auch als Strafender, wie er den meisten von euch bisher dargestellt wurde.«

Und dann bringt er noch einen Vergleich, der bei mir sofort klick macht: »Das Sichhingeben an einen Gott ist, wie wenn man in ein Flugzeug steigt und hofft, dass der Pilot alles richtig macht. Der Pilot ist dann so etwas wie Gott und man selbst überlässt sich ihm – man kann ja auch nicht viel anderes machen. Der Buddhist jedoch muss lernen, selbst zu fliegen. Er persönlich übernimmt für sich die Verantwortung und bestimmt selbst, wie und wohin er fliegt.«

Bedenkenswert! Und so weit, finde ich, kann ich ihm ohne Weiteres folgen. Das mit der Beendigungsmöglichkeit von Leiden war nachvollziehbar, die einfache Aussage über das bedingte Entstehen, die Funktionen des Geistes und damit die Verantwortung für mich selbst. Kommt alles meiner persönlichen Einstellung sehr nahe. Das mit dem Gott aus der Bibel war für mich schon sehr lange unglaubwürdig. Doch will ich auch nicht, das spüre ich, dass er mir meinen bisherigen Gott ganz nimmt, nämlich den, von dem ich nach wie vor glaube, dass er meine Gebete manchmal erhört und mich bisher doch ganz gut durchs Leben gelenkt hat. Den lieben Gott fand ich immer gut – mit dem strafenden wollte ich eher nichts zu tun haben! Und einer seiner Heiligen, der Antonius, der hat schon meiner Großmutter immer geholfen, wenn sie etwas gesucht und nicht gefunden hat. Dieser heilige Antonius war dafür durchwegs empfänglich und zuverlässig. Einen Fünfer in den Klingelkasten und auf wundersame Art und Weise fanden sich die verstecktesten Dinge wieder. Diese Art von Glauben, auch wenn er für viele ein Aberglaube ist, den wollte ich dann doch nicht ganz verlieren. Da war nämlich noch diese bereits erwähnte tiefe Grundüberzeugung in mir: »Hilft's, ist es gut, hilft es nicht, schadet es auch nicht.« So war das schließlich auch mit meinen Gebeten!

Buddhist sein und gleichzeitig anderer Glaube – geht das?

Dass ich meinen Gott behalten darf und der buddhistischen Lehre trotzdem folgen kann, erfahre ich einen Abend später bei einer weiteren Session von »Questions and Answers«:

Frage: »Ich komme aus Israel und bin gläubiger Jude. Ist es möglich, dass ich sowohl meinen Glauben praktiziere als auch Buddhist bin?«

Antwort: »Ja. Bei euch gibt es, wie im Christentum und Islam, zwar die Aussage ‚Du sollst keine fremden Götter neben mir haben‘, aber da es im Buddhismus keinen Gott gibt, hat sich die Sache schnell erledigt. Außerdem handelt es sich bei den mosaischen Religionen um einen Glauben und der Buddhismus sieht sich als Philosophie, manche sagen als Wissenschaft. Du kannst also deinen Glauben praktizieren und zugleich nach den Aussagen des Buddhismus leben. Irgendwann hast du dann vielleicht dein eigenes Konstrukt, das am besten zu dir passt.«

Damit war es endgültig auch bei mir passiert. Dieser nette Santikorn, der selbst einmal in den USA Theologie studiert hatte, ließ mir also meinen lieben Gott, und wenn ich wollte, konnte ich auch noch Buddhist sein. »Vielleicht das Beste aus beiden Welten«, fiel mir dazu ein und: »Damit kann ich sehr gut leben!« Seine Aussage ließ mir also die Freiheit, einem Gott oder einer überirdischen Macht dankbar sein zu können, wann immer ich das Gefühl hatte, dass da »einer« half oder gelenkt hatte. Was wäre, wenn diese Buddhisten mir meinen persönlichen Gott nehmen würden? Wem könnte ich dann noch dankbar sein? Wen könnte ich um Hilfe bitten? Vielleicht doch wieder diesen Buddha – wie offensichtlich seine Jünger überall in diesem Land es tun –, der das Dhamma gut beschrieben hat und das Wissen darüber, wie etwas entsteht. Kann ein Buddhist nicht einem Gott dankbar sein, sondern einfach dieser Lehre davon, was in ihm selbst, dem individuellen Menschen, abläuft? Ich würde als Buddhist also nicht mehr diesem Schöpfergott dankbar sein, sondern dem Wissen über mich selbst und den Zusammenhängen, wie alles abläuft? Wäre das eine Lösung für mich? Ganz so weit bin ich noch nicht, das spüre ich. So einfach von einem äußeren Gott, dem ich bisher dankbar war in der Not, zu einem »Gott in mir selbst« mit einer neuen Philosophie umzusteigen, wollte ich noch nicht riskieren. Aber der angebotenen zweigleisigen Lösung konnte ich gut folgen. Im Prinzip wie die Buddhisten überall auf der Welt, mit einem helfenden, lieben Gott im Hintergrund, den sie zwar so nicht nennen, den es aber trotzdem irgendwie gibt. Wie dem auch sei, auch ich werde als mein eigener Pilot weiterfliegen wie bisher; mit einem Zweitaktmotor, getrieben von einem Gemisch aus Benzin und Öl – einer Mischung aus Wissen und Glauben.

Bei diesem Gedankengang beobachte ich, wie Santikorn die Fragezettel betrachtet, offensichtlich um zu sehen, ob er alle Themen in diesem Zusammenhang behandelt hat. Tatsächlich findet er noch etwas Passendes und hebt wieder die Stimme: »Da war noch was mit den *Geisterhäuschen*, die man überall in Thailand sieht – praktisch vor jedem Haus, auf jedem Grundstück. Was hat es damit auf sich?«

Blick in die Runde, kurze Pause.

»Ja, die findet man sogar in vielen Tempeln und vor Privathäusern«, sagt er, »die haben jedoch mit der buddhistischen Lehre gar nichts zu tun. Wie ihr vielleicht bemerkt habt, leben viele Menschen hier ja noch buchstäblich im Dschungel, auf dem Land, in den Wäldern. Nicht alle dieser Leute haben einen hohen Bildungsgrad, manche können kaum lesen und schreiben. Der Glaube an Geister ist ein Relikt aus animistischer Zeit und ebenso wie das, was ich Volksreligion nenne, noch weit verbreitet. Ihr findet das übrigens nicht nur in Thailand, sondern in ähnlicher Form auch überall in Lateinamerika. Dort sind die Menschen einerseits Christen, meist Katholiken, nebenbei huldigen sie aber noch der Ahnenverehrung und dem Glauben an althergebrachte Geister, ihre animistischen Übertragungen. Frei nach dem Motto ‚Doppelt hält besser‘. Genau wie hier! In diese Geisterhäuschen werden Opfergaben, wie ein Schälchen Reis, Früchte und sonstige Gaben, für die Ahnen gelegt – eben, um die Geister ‚milde zu stimmen‘. Mit der eigentlichen Philosophie des Buddhismus oder anderswo der Religion des Katholizismus hat dies jedoch recht wenig zu tun, es gehört mehr in die Richtung Brauchtum. Schaden tut es nicht. Geht doch wunderbar zusammen.«

Freier Geist und ein sehr persönliches Verständnis von Gott

An dieser Stelle räumt er seine wenigen Sachen zusammen, verbeugt sich mit gefalteten Händen in alle Richtungen und zieht sich zurück. Und so endet auch dieser Tag mit einem Abend, an dem ich noch lange über das Gesagte nachdenke.

Was ist das mit dem, was wir Gott nennen und von dem Santikorn behauptet, es gäbe ihn im Buddhismus nicht? Gibt es ihn doch? Wenn ja, wie wird er definiert? Wo soll er sein? Ist er überall, wie es schon im Buch Mose heißt: »Der Herr ist Gott im Himmel oben und auf der Erde unten.« Ja, toll, kann ich mir viel drunter vorstellen!

Möglicherweise gibt es keine Antwort, weil keiner eine überzeugende hat. Vielleicht ist daher die richtige Antwort eine rein persönliche. Womöglich kann man ihn auch nicht verstehen, weil dieser Gott wahrscheinlich eine weitere Dimension ist, nämlich die vierte, die wir ohnehin nicht begreifen. Ich weiß es nicht, auch ich habe für mich nicht die Antwort, die mich wirklich überzeugt; ich weiß nur, dass ich ihn gelegentlich als Krücke brauche, wenn ich selbst nicht stark genug bin, und dass ich ihm ab und an für etwas dankbar sein möchte, wenn ich dafür keinen anderen habe. Oder wenn mir einfällt, dass es wieder mal an der Zeit ist, etwas nicht als nur selbstverständlich anzusehen. Dann hole ich ihn wieder hervor, diesen Nichtgreifbaren, bin ihm dankbar oder rufe ihn um Hilfe an – und werde es auch weiterhin tun. Genauso wie diese Buddhisten hier in ihren Tempeln und vor ihren Hausaltären oder Geisterhäuschen.

Nenne ihn, wie du willst, beschreibe ihn mit deiner eigenen Vorstellungskraft – aber sage mir nicht, nur weil wir ihn nicht begreifen und erfassen können, dass es da nicht noch etwas Höheres und Größeres gibt als uns selbst. Etwas, das über uns steht.

Nur habe ich diesen Gott im Laufe meines Lebens eine für mich passende Form oder, besser, seinen besonderen Inhalt gegeben. Ein Gott, der in mir selbst ist – und das passt wieder zu Santikorns Ausführungen über den eigenen Geist –, der mich mit dem, was in mir ist, lenkt und führt und dem ich für das, was daraus entstanden ist, weiterhin dankbar sein und vertrauen darf. Ich selbst, in der Gesamtheit meiner Person bin es schließlich – dankbar, mein Geist, meine Seele und mein Körper – alles, was in mir ist und mich bis hierhergetragen hat, dorthin, wo ich in diesem Augenblick und in jedem Moment stehe.

Dieser Gott ist damit kein Fremder mehr, keine abstrakte Gestalt, kein außerirdischer Schöpfer. Dazu passt dann auch die Aussage, dass dieser Gott überall ist, in jedem Menschen, in

jeder Pflanze, in jedem Tier, in jedem Baum. Nur ist er – für mich
– nicht ganz der, die oder das, was die theistischen Religionen
daraus gemacht haben.

Bei einer methodistischen Kirche hatte ich vor Jahren einen
Spruch – oder war es ein Gebet – gefunden, das ich mir gemerkt
hatte, denn es fasste all dies in prägnanter Knappheit zusammen:

Mein Vater,
ich verstehe dich nicht,
aber ich vertraue dir.

Das Thema Gott kann, wie mir scheint, ewig diskutiert werden.
Quasi in einer Art von Endlosschleife, ohne mathematisch saube-
res Resultat. Ende!

Eintrag in meinem Tagebuch
Dass der Geist frei ist, hat dieser Tag bestätigt. Man muss
nur aufpassen, dass er dies auch bleibt. Vernebler lauern
überall! Die Toleranz, die diese Buddhisten verbreiten,
finde ich bemerkenswert. Sie lassen jedem seinen eigenen
Zusatzglauben; hier die andere Religion wie Judaismus
oder Katholizismus – dort die Volksreligion und das
animistische Brauchtum wie die Geisterhäuschen.
Nirgendwo Missionstätigkeit für einen bestimmten Gott.
Ich sehe wenig, was ich als Dogma empfinde. Der
eigene Geist, die Befreiung von Leiden durch sich selbst,
ist das, was für sie letztlich zählt. Das Beten zu ihrem
Buddha ist die gleiche Krücke, die auch wir benützen,
wenn wir glauben, dass uns ein außerirdischer Gott
helfen kann. Religionen sind wichtig, weil weder der
Materialismus noch der Kapitalismus fundierte ethisch-
moralische Grundsätze bieten kann und die spirituellen
Grundbedürfnisse, die für die allermeisten Menschen
wichtig sind, in keiner Weise erfüllen kann.

Der vierte Tag

Das erste bemerkenswerte Ereignis dieses Tages passiert gleich in der Yoga-Session bei Alex. Dem Morning Reading um halb fünf konnte ich noch nicht so richtig folgen und bei der anschließenden Sitzmeditation war ich mehr mit dem Kampf gegen das Einschlafen beschäftigt als mit der Konzentration auf den Atem. Erst bei Alex um viertel nach fünf, in aller Herrgottsfrühe, verspüre ich eine gewisse Bereitschaft von Geist und Körper anzuerkennen, dass es zwar noch ringsum dunkel ist, im hiesigen klösterlichen Leben aber doch schon der reguläre Tagesablauf begonnen hat.

Alex erklärt soeben, direkt nach der Pflughaltung (die er in Sanskrit *Hal Asana* nennt), den Kuhkopfsitz (den er *Gomukh Asana* nennt, wobei man sich weder das eine noch das andere merken kann!), als eine völlig unerwartete Bewegung in die zum Schweigen verurteilte Truppe kommt:

Schlagartig laufen ungefähr vierzig Männer panikartig auseinander und deuten mit den Fingern auf ein schwarzes Ungetüm, das sich offensichtlich in die Halle verirrt hat und vor den dortigen Menschen mindestens genauso viel Angst hat wie diese vor ihm. Als es keine zwei Meter entfernt in blitzartigem Zickzack an mir vorbeiläuft, sehe ich es genau: ein bestimmt zehn Zentimeter langer, rabenschwarzer Skorpion mit brutalen Klauen und erhobenem Stachelschwanz. Ein Vieh, wahrhaftig zum Fürchten, das dann aber doch irgendwo den Weg von der Halle ins umliegende Gebüsch findet. Die Ruhe ist allerdings erst mal vorbei, auf den Boden oder auf die Matten will sich kaum noch einer legen. Mit der Entspannung geht es stark gebremst weiter, nämlich nur mit nervösem Suchblick in die unmittelbare Umgebung. Alex hat erhebliche Schwierigkeiten, die verunsicherten Mannen wieder für seine Hatha-Yoga-Übungen zu begeistern.

Erst beim folgenden Dhamma Talk und der anschließenden Sitzmeditation in der gemeinschaftlichen, nach Männern und Frauen nicht getrennten Dhamma Hall, kehrt wieder die angemessene Gelassenheit ein.

Durch Meditation den Geist entwickeln

Dhammavit leitet die kommenden Meditationsübungen. Schon zur morgendlichen Sitzmeditation und weiter im Laufe des Tages gibt er immer wieder ein paar nützliche Ergänzungen, die ich sehr bereichernd empfinde.

Mental Development, Compassion with Loving kindness and Awareness

»Ihr werdet immer wieder hören, dass ich für Meditation den Begriff *mental development* verwende. Warum reden wir dabei von positiver Entwicklung für den Geist? Wir alle sind tagtäglich mit Dingen konfrontiert, die physisch oder psychisch als nicht zufriedenstellende Zustände bezeichnet werden können. Das kann sein, dass der Bus zu spät kommt, dass wir uns in den Finger geschnitten haben, dass ein uns nahestehender Mensch krank wurde oder gar gestorben ist. Eine Reaktion auf solche Geschehnisse kann sein, dass wir sie komplett ignorieren, eine andere Methode mag die Verdrängung oder auch Flucht sein – zum Beispiel in Alkohol, Vergnügen oder auch übermäßige Arbeit und dergleichen. Das mag durchaus für eine gewisse Zeit funktionieren, letztlich aber ist es keine Lösung, um mit den Herausforderungen des Lebens insgesamt und auf Dauer umzugehen. Denn die Wurzeln des eigentlichen Problems sind damit nicht wirklich beseitigt. Wenn wir dagegen aber trainieren, bewusst mit den permanenten Veränderungen des Lebens umzugehen, akzeptieren, dass es so ist, wie es ist, entwickeln wir eine innere Stärke und damit Ruhe für den Geist. Mental Development ist somit ein geistiges Training, um mit den verschiedenartigen Situationen im Leben besser umgehen zu können. Übrigens, in dem Wort bewusst ist der Wortstamm *wissen* drin!

Wir alle sind ständig irgendwelchen Schwierigkeiten ausgesetzt, müssen Hindernisse überwinden, müssen mit Umständen oder auch Menschen zurechtkommen, die uns nicht liegen, und häufig bekommen wir nicht, was wir wollen oder was wir uns vorgenommen haben. Damit nicht umgehen zu können, schafft sehr rasch zusätzliche psychische Probleme, die sich gerne auch auf den Körper auswirken. Uns selbst, andere Personen, das Leben an sich so zu sehen und anzunehmen, wie es ist, verlangt eine gute Portion von Mitgefühl, manchmal auch Mitleid oder gar Barmherzigkeit.«

Dhammavit nimmt dafür als Oberbegriff das Wort *compassion* und fährt fort: »Solange wir die Herausforderungen des Lebens nicht mit *compassion* betrachten, entsteht auch schwerlich ein Bedürfnis, diese anzunehmen, sich ihnen zu stellen und sie möglicherweise zu bewältigen. Jedoch nur über das Bewusstsein – das Bewusst-Werden –, über ein objektives, möglichst wohlwollendes Betrachten kann in unserem Geist Ruhe und Frieden einkehren.« Er benützt in seinem Vortrag dabei mehrfach das Pali-Wort Mettā, abwechselnd mit dem entsprechenden englischen Begriff *loving kindness*, was mir aber nicht so recht über die Lippen will, denn insbesondere *love*, und dann auch noch in Verbindung mit *kindness*, ist im englischen Sprachraum derartig überstrapaziert, dass ich lieber bei meiner deutsch geprägten Nüchternheit bleiben und vorzugsweise Mettā verwenden würde. Die deutsche Übersetzung *liebende Güte* will mir auch nicht so recht über die Lippen. Irgendwie zu heilig!

»*Compassion*«, fasst er zusammen, »ist der Wunsch, die Ursachen von Schwierigkeiten und unbefriedigenden Zuständen zu lösen oder zu beseitigen, *Loving kindness* ist der Wunsch nach Zufriedenheit und Glückseligkeit. Beide sind eine Sache des Geistes. Aber wie setzen wir sie schließlich um?«, fragt er in die Runde und gibt selbst die Antwort:
»Damit wir ein Problem lösen können, ist es zunächst wichtig, dass wir es betrachten und verstehen. Nämlich, wann es auftritt, woher es kommt und wie wir es in den Griff bekommen

können. Die beste Lösung ist, dass es tatsächlich erledigt wird und somit nicht mehr auftritt. Dazu kommen wieder besagte *mindfulness* und unser Bewusstsein (er verwendet das Wort *awareness*) ins Spiel, ein Auge dafür, dass etwas vorhanden ist und nicht von selbst verschwindet.«

Kurze Pause. »Dabei ist unser sehr persönlicher Beitrag, dass wir unsere eigenen Gedanken, unsere Sprache und unser Verhalten genau beobachten. Durch stete Übung lernen wir dadurch, das Leben und seine Mitspieler genauer zu betrachten und zu verstehen, was die Ursachen der Probleme sind, um diese möglichst beseitigen zu können. Und« – fügt er hinzu – »was uns wiederum hilft, Toleranz und Gelassenheit zu uns selbst und zum Leben im Allgemeinen aufzubauen.«

Wieder kurze Pause, bevor er den Punkt abrundet: »*mindfulness* und *awareness* und der Versuch zu verstehen, wer und was wir sind, und nicht, wer und was wir glauben zu sein, sowie die realistische Betrachtung dessen, was um uns herum, in unserem Leben passiert, ist dann das, was wir als Vipassana- oder auch Einsichtsmeditation bezeichnen. Dabei ist mir wichtig, dass es sich nicht um eine bestimmte Technik handelt, sondern ganz einfach um das, was durch die Beruhigung des Geistes, über die Konzentration auf den Atem an tieferer Einsicht für die Realität entstehen kann.«

Keine Esoterik, sondern praxisnahe Psychologie

Ich brauche an dieser Stelle selbst etwas Zeit, um seine äußerst plausiblen Ausführungen sacken lassen zu können. Das, was er da soeben von sich gegeben hat, hat null und nichts mit Esoterik oder Religion zu tun, sondern ist reine, absolut praxisnahe Psychologie!

Er ermuntert uns noch, die Erwartungen an die Meditation nicht zu hoch zu schrauben und schnelle Ergebnisse zu erwarten, denn es brauche Zeit und Übung. Dabei erwähnt er das Beispiel eines Sportlers; auch dieser brauche Zeit, Ausdauer und Übung, um zu einer bestimmten Form zu kommen. Äußerst einleuchtend, finde ich diesen Hinweis, und ich werde mich an diese Worte noch oft erinnern, insbesondere dann, wenn ich meine eigenen Meditationsübungen glaube verkürzen zu können oder, noch schlechter, aus vermeintlichen Zeitgründen gar nicht erst beginne.

Praktische Tipps zur Meditationstechnik und eine Erkenntnis

Da seine Worte Stoff für einen Denkprozess sind, bin ich froh, als er nun noch mal eine kleine Beschreibung zur reinen Technik der Meditation im Sitzen gibt:

»Beginnt immer mit der Konzentration auf den Atem. Einatmen. Ausatmen. Es geschieht von selbst und ist immer da. Ihr braucht nichts dafür tun. Ein.« Pause. »Aus.«

Dabei wiederholt er diese Worte mehrfach in einem Takt, dem jeder folgen kann. Schließlich fügt er hinzu: »Beobachtet jetzt selbst, ob sich die Geschwindigkeit, der Rhythmus eures Ein- und Ausatmens verändert. Und ob dies etwas mit den Gedanken, die in eurem Geist auftauchen, zu tun haben. Der Atem ist nämlich eine zuverlässige Verbindung zwischen euren Gedanken – die gewisse Emotionen auslösen – und dem, wie der Körper darauf reagiert. Ärger beispielsweise verursacht rasches Atmen und Verspannungen im Körper. Bei Scham wird der Atem häufig langsamer, stockend, wird kurz angehalten und so weiter. Über die Beobachtung des Atems und der körperlichen Reaktionen kann man wiederum seine Emotionen und damit verbundene Gedankengänge besser ersehen. Beobachtet bitte selbst, welche Gedanken welche Reaktionen auslösen.«

Dann gibt er uns noch einen Tipp, auf welche Körperteile man sich beim Ein- und Ausatmen konzentrieren kann: »Um den Atem zu beobachten, empfehle ich, dass ihr euch entweder auf den Nasenbereich oder den Bauch-Brust-Bereich fokussiert. Wenn ihr durch die Nase atmet, spürt ihr dabei deutlich, wie er durch die Nasenlöcher und dann über die Oberlippe streicht. Im

Bauch-Brust-Bereich beobachtet ihr das Heben und Senken der entsprechenden Körperteile. Entscheidet euch aber jeweils nur für einen der beiden Bereiche zu einer Zeit. Durch den Mund wird normalerweise nicht geatmet, die Lippen liegen lose aufeinander oder sind nur einen kleinen Spalt weit getrennt. «

Und dann ist wieder Stille für zwei Mal fünfundzwanzig bis dreißig Minuten, nur unterbrochen von einer kleinen Pause. Stille im Raum, aber nicht im Kopf und auch nicht im Körper! Immer wieder melden sich die vergangenen Monate in meinem Leben; der Job, der Stress, die Überlastung, die zum Zusammenbruch geführt hatte. Ich versuche zwar nicht festzuhalten, wie der Meister empfohlen hatte, sondern loszulassen, mich immer wieder nur auf den Atem zu konzentrieren, aber das, was innen drin ist, ist stärker, will betrachtet werden. Ich registriere: Ich muss da ran! Muss es mir in Ruhe und mit Abstand genauer anschauen, die Ursachen betrachten, mich selbst, die Arbeit an sich, die Umstände, die dazu geführt hatten – um das Gesamte zu verstehen und um daraus Schlüsse ziehen zu können für das Weitergehen. Die heutige Zeit, erkenne ich, erlaubt keine Denkpausen mehr – so wie sie hier in den Meditationsübungen geboten sind. Alles muss schnell und ad hoc, nach bestimmten Mustern ablaufen, möglichst nach definierbaren Algorithmen. Doch der Mensch ist kein Computer und funktioniert auch nicht so. Er braucht Abstand, er muss evaluieren können, er braucht Zeit. Dafür kann er kreativ sein und der Computer nicht. Jeder hat einen eigenen Geist, eine individuelle Geschichte und so etwas wie eine Seele, in der sich alles staut. Und auch der Körper funktioniert nicht wie eine Maschine – er will trainiert und gepflegt werden, braucht Pausen, Schlaf und hält nur eine begrenzte Zahl an Überstunden aus. Mir wird immer klarer, ich habe da grob fahrlässig gehandelt. Bin zu lange ignorant gewesen! Ich nehme mir vor, genau und in Ruhe Bilanz zu ziehen, nachzurechnen, was im Plus und Minus steht, wo Aufwand und Ertrag nicht im Lot liegen. Ich komme zu der einfachen Erkenntnis, dass mir das Leben einen deutlichen Fingerzeig gegeben hat und dass ich diese Chance nutzen muss, um neu einsteigen zu können!

Ich denke mich so in leichte Rage über mich selbst, versuche mich immer wieder herunterzuholen, bis ich merke, dass auch hier, in dieser recht guten Meditationsrunde, eines meiner Beine eingeschlafen ist, dass sich Blut gestaut hat oder irgendwelche Reize vom Gehirn an die richtigen Stellen nicht weitergeleitet worden sind, dass ich somit etwas verändern muss – nämlich schlicht und einfach meine Haltung oder im zweideutigen Sinn: meine Ein-Stellung. An meiner Einstellung zum Job war etwas nicht okay und momentan, hochaktuell, ist die Einstellung meiner Knochen nicht okay. Sehr einfach und deutlich, dieser Schluss! Man muss nur hinschauen. So unterbreche ich meine tiefsinnigen Gedankengänge, lege sie in einen geistigen Ordner mit dem Titel »Job und Leben«, schüttle das Bein aus, massiere es leicht und bin schließlich sehr froh, als kurz darauf der Ton der Klangschale erklingt und diese Session offiziell beendet.

Diese Art von Gedanken, insbesondere zu diesem Thema, sind nicht ganz neu und so etwas wie ein Stehaufmännchen. Ich versuche, es wegzuklicken – doch es steht stramm wieder auf. Etwas, das genauer betrachtet – beachtet – werden will, meldet sich immer wieder auf widerspenstige Art und Weise. Es kann des Nachts in Form von Träumen auftauchen oder in Ruhephasen wie die Gedanken in der Meditation – in drastischer Art und Weise als Schlaganfall, Krebs, Herzinfarkt, Gürtelrose oder sonstige körperliche Reaktion. Das, was plagt, lässt sich schwerlich ignorieren! Bevor mich weitere Auswirkungen ereilen, nehme ich mir vor, das, was der Geist meldet, genauer anzuschauen. Diese Meditationsübungen erscheinen mir dafür die richtige Methode zu sein.

Geist, Körper, Seele, Wiedergeburt

Bei den heutigen Dhamma-Vorträgen schneidet Santikorn ein Thema an, das, wie er sagt, in verschiedenen buddhistischen Büchern oft etwas »einseitig« beschrieben wird. Immer wieder könne man lesen, dass der Buddhismus keine Seele kenne. »Stimmt«, bestätigt er, »aber dabei ist gemeint: keine Seele, die wiedergeboren wird, vielleicht in den Himmel auffährt, wie dies verschiedene christliche Schulen lehren. Wenn wir aber von Seele reden, so wie es die westliche Psychologie kennt, dann sind wir beim gemeinsamen Nenner. Psyche«, klärt er auf, »kommt aus dem Griechischen und bedeutet Seele oder auch so etwas wie Lebensodem oder Lebenskraft. Also etwas, das tief im Inneren sitzt und weder in einem bestimmten Organ sitzt noch eine definierte Form hat. Von Wiedergeburt ist da keine Rede! Im Buddhismus kennen wir etwas Ähnliches, nämlich das, was wir ein tieferes, inneres Bewusstsein nennen. Etwas, das sich anders verhält als Geist oder Körper. Und damit sind wir der Seele sehr, sehr nahe!

Der Geist, so haben wir gestern besprochen, ist blitzschnell, kann gelenkt und manipuliert werden. Die Seele aber ist träge, sie sammelt Verletzungen, Glücksmomente und alle möglichen Einwirkungen auf den Geist. Sie lässt sich schwerlich manipulieren, sie will betrachtet und behandelt werden – sonst meldet sie sich immer wieder! Sie gibt keine Ruhe, bis in einer gewissen Form ein Ausgleich stattgefunden hat.«

»Der Körper«, führt er weiter aus, »drückt dann das aus, was im Geist und in der Seele passiert. Besonders das Gesicht ist so ein Spiegel des Geistes und dessen, was die Seele bedrückt oder berührt. Zustände wie Freude, Heiterkeit sieht man sofort im Gesicht eines Menschen, genau wie Traurigkeit oder Wut. Die Körperhaltung ist eine weitere Reaktion darauf, was in Geist und Seele abläuft. Gedrückt oder gebückt ist eine Auswirkung von Leid, Nichtbeachtung, Herabwürdigung, Demut und dergleichen. Eine aufrechte Haltung dagegen ist ein Ausdruck von Stolz, Beachtung, es kann aber auch Gegenwehr, Macht, Überheblichkeit bedeuten – etwas in dieser Richtung. Denkt mal darüber nach«, fordert er uns auf.

Doch ist er mit seinen Betrachtungen noch nicht am Ende. »Im Zusammenhang mit Seele«, greift er das Thema noch mal auf, »kommen wir zu der Frage: ‚Gibt es eine Wiedergeburt?‘«

Reinkarnation oder Wiedergeburt?

Nun hat er mich noch neugieriger gemacht, der Meister. »Dazu«, beginnt er, »müssen wir uns erst fragen, meinen wir *reincarnation* oder *rebirth*? Im Wort Reinkarnation steckt der lateinische Wortstamm *carne*, also Fleisch. Somit Wiederfleischwerdung, eine körperliche Wiederauferstehung. Diese findet man in gewissen christlichen Schulen und auch im Mahayana-Buddhismus, wie er beispielsweise in Tibet gelehrt wird. Im Theravada-Buddhismus, wie er in Thailand oder auch in Sri Lanka praktiziert wird, ist davon keine Rede. Eine Wiedergeburt in Form von *Rebirth* dagegen – nun ja«, sagt er mit einem gewissen Zögern und macht eine kleine Pause –. »Wir wissen es nicht«, beendet er das Thema – dann fällt ihm aber noch etwas ein: »Ajahn Buddhadasa hat mehrfach gesagt, der Buddhismus sei eine Wissenschaft. Wie ihr überall in buddhistischen Ländern sehen könnt, kremieren wir unsere Toten. Vom Körper bleibt damit nur noch Asche. Und die Seele? Schwer vorstellbar, dass da etwas übrigbleiben kann. Aber wie gesagt – Wissenschaft ist das eine, Glaubenssache das andere.« Wieder eine Denkpause. »Sterben, Wiedergeburt, das alles hat etwas mit Loslassen-Können zu tun. Wer gut loslassen kann, wird akzeptieren, dass nach diesem einen Leben für immer Schluss ist. Wer sich damit eher schwertut, wird sich eine Hoffnung und seine eigene Vorstellung aufbauen. Beides ist menschlich – und somit könnt ihr all dies in abgespeckter Version auch irgendwo hier in Thailand finden.«

Ich bin erstaunt! Was habe ich da über einen Dalai Lama gelesen, der die vierzehnte Wiedergeburt von einem anderen Dalai Lama sein soll, von tibetischen Suchern, die genau die bestimmte Wiedergeburt eines anderen Herrn Sowieso erkennen wollten. Frauen kamen dabei ohnehin nie vor. Und all dies mit vehementer Überzeugung! Millionen glauben daran. Was für ein Hokuspokus, was für eine Gaukelerei! Etwas, das mir immer suspekt war und ist. Und hier, in einer anderen buddhistischen Schule, diese klare Aussage mit einer kleinen Öffnung in eine persönliche Anschauung! Wieder bin ich erleichtert, dass diese Lehrrichtung meiner persönlichen Ansicht entspricht, dass ich mich nicht verbiegen muss, dass ich sie ernst nehmen kann, und nicht ein Gefasel, das mir einen Himmel verspricht, für den ich Rabattmarken sammeln muss, damit ich in diesen eintreten kann. Eine Religion, die mit Schuld und Sühne versucht, sich die Menschen gefügig zu machen, und für Absolution auch noch fleißig kassiert hat. »Der Geist ist frei«, fällt mir wieder ein, »man muss ihn nur benützen – und Glauben ist nicht Wissen!«

Ich blicke um mich herum, schaue in die Gesichter der anderen. Ich glaube Nachdenklichkeit zu sehen, vielleicht auch Zweifel, doch mehr noch meine ich Zustimmung zu erkennen.

Eintrag aus meinem Tagebuch
Nachdem auch diese Buddhisten hier eine klare Aussage zu Wiedergeburt und Reinkarnation haben, darf ich mein Leben getrost jeden Tag feiern und auch noch um einiges bewusster verbringen. Lieber das Jetzt genießen und nicht ein Hoffen auf Später! Denn das mit dem Danach ist deutlich zu unsicher!

Der fünfte Tag

Auch diese Nacht endet abrupt mit dem gnadenlosen Geläute der Glocke um vier Uhr morgens und reißt mich aus einem Traum, den ich mich in Bruchstücken so erinnere:

Mein alter Vater sitzt in einem Wohnmobil und winkt mir zu. Dabei fährt er offensichtlich immer in einem imaginären Kreis und kommt kaum vorwärts. Um ihn herum eine Landschaft, wie ich sie aus meiner Heimat bei Heidelberg kenne. Irgendwie gerät er dabei ins Schleudern, kann das Gefährt gerade noch in die Spur bringen und ich habe das Gefühl, er will mir etwas mitteilen, was in Wortfetzen herüberkommt und klingt wie »Es war zu spät ...«.

Doch dann kam diese verdammte Glocke. Ich verbringe noch eine kleine Weile im Halbschlaf im Versuch, von der Dämmerung in den Wachzustand zu kommen, und sinniere dabei über das, was mir der Vater mitteilen wollte. »Es war zu spät ...« kann ich gerade noch herüberretten. Zu spät für was oder für wen? Schon lange habe ich nicht mehr vom Vater geträumt! Ich versuche, den Traum und diesen Satz in Erinnerung zu behalten, um darüber nachzudenken.

In der ersten Meditationssitzung um viertel vor fünf am stockdunklen Tropenmorgen kommt er wieder hoch. Was wollte mir der Vater sagen? Für was war es zu spät? Das Einzige, was mir einfällt, ist, dass er seine Lebensträume nicht zu lange hätte aufschieben sollen. Der Tod, gleich nach der Pensionierung, kam zu früh und unerwartet. Und was ist mit mir? Habe ich bisher auch so in den Tag hineingelebt mit der Erwartung, dieses Leben würde ewig so vor sich hin dauern, mit fest gefügten Zeiträumen, die da hießen: Schule, lernen, Beruf, heiraten, Kinder kriegen, Karriere machen, in Rente gehen, reisen und Hobbys nachgehen, pünktlich um die achtzig sterben. Oder so. Muss es so laufen? Wollte mich der Vater davor warnen? Und war da nicht dieser Eintrag ins Tagebuch vom Vorabend, der vielleicht diesen Traum bewirkt hat?

Als ob es so sein sollte, wird dieser Vorgang im ersten Dhamma Talk aus einem anderen Aspekt noch mal belebt. Zum allgemeinen Erstaunen besucht uns der Abt persönlich, nimmt vorne auf dem kleinen Podest die übliche Sitzstellung ein, schaut so lange in die Runde, bis alle sitzen und Ruhe eingekehrt ist, räuspert sich vernehmlich, nimmt einen Schluck Tee oder Wasser aus dem Glas vor ihm und stellt sich ganz kurz vor. Er sei Ajahn Poh fünfundsechzig Jahre alt, seit zehn Jahren Abt des Klosters und ein Schüler von Ajahn Buddhadasa sowie des ebenso berühmten Ajahn Chah aus dem Norden Thailands, bei dem er in seinen jüngeren Jahren einige Zeit verbracht hatte.

Hier und jetzt

Bei seinem thailändisch gefärbten Englisch habe ich zu Beginn einige Schwierigkeiten, ihm zu folgen. Nach ein paar Sätzen habe ich mich jedoch eingehört, meine Konzentration ist auch schnell erhöht, denn nach seiner Einführung beginnt er mit einer völlig unerwarteten Frage, die mich schlagartig stutzig macht und da lautet: »*What is the best moment in your life?*« (Was ist der beste Moment in deinem Leben?) Ich überhöre die Gegenwartsform, denn im Singsang der Aussprache des asiatischen Englisch gehen Präsens und Vergangenheitsform häufig ineinander über. »*What is the best moment in your life?*«, fragt er noch mal und schaut in die Gesichter der vor ihm hockenden internationalen Gemeinde.

What is the best moment in your life?

»Ich gebe euch etwa fünf Minuten Zeit, schließt dabei die Augen und lasst es auf euch wirken«, bietet er an. Dabei schlägt er mit einem kleinen Holzstab auf die vor ihm liegende Klangschale. Es macht »Ping«, ich gehe in eine innere Versenkung, versuche die Höhepunkte meines Lebens an mir vorüberziehen zu lassen. Dabei fällt mir einiges ein: Der Tag, an dem ich mein Abiturzeugnis in der Hand hielt oder, noch später, mein Diplom als Betriebswirt und wie ich mich endlich voll und ganz erwachsen fühlen konnte; die Fete, bei der ich zum ersten Mal mit einer Frau schlief; der Tag meiner Hochzeit oder – oder noch besser, die Geburt meiner Tochter –; ein paar berufliche Erfolge sind auch dabei.

Ich staune, wie fix so ein Leben einen geistigen Schnelldurchlauf machen kann. Vieles geht mir durch den Kopf, mein Geist springt mit Lichtgeschwindigkeit und seiner einzigartigen Leichtigkeit durch verschiedenste Stationen meines Lebens und kann sich nicht entscheiden. Es gab viele glückliche und wichtige Momente in meinem Leben, es ist unmöglich, sich auf einen einzigen festzulegen.

Da ertönt er wieder, der klare Ton der Klangschale. Langsam öffne ich die Augen. Der Abt in seinem safranfarbenen Mönchsgewand mustert uns gütig mit seinen schwarzen Augen, mit diesem tiefen, weisen Blick und schweigt noch eine kleine Weile. Dann, ganz leise, noch einmal die Frage: »*So, what is the best moment in your life?*«

»*I am sure you have considered many situations – but have you also thought about the present moment, the place and moment where you are right now?*« (Ich bin sicher, ihr habt über vieles in eurem Leben nachgedacht, aber habt ihr auch über den gegenwärtigen Moment nachgedacht, in dem ihr euch hier und jetzt, in diesem Augenblick befindet?)

»Hier, gerade jetzt und dieser momentane Zeitpunkt – soll das der glücklichste Moment in meinem Leben sein?«, flüstert die eigene Stimme im Kopf. »Wo ich im Schneidersitz auf einem kleinen Kissen hocke, mir langsam, aber sicher die Beine einschlafen, ich gerne eine Lehne für meinen lahm werdenden Rücken hätte, umzingelt von schweigenden Menschen aus allen möglichen Ländern, die sich alle die Frage stellten ‚Was ist da sonst noch?‘ und die bereit waren, dafür die berühmte Meile extra zu gehen?«

Es ist auch noch die Zeit der morgendlichen Dämmerung, mein Magen knurrt, ich hatte noch kein Frühstück, aber die Luft ist bereits voll mit blutrünstigen Moskitos, die mit ihren scharfen Saugern auf der Suche nach frischem Blut – nicht einfach Blut, sondern meinem Blut – sind. Diese verdammten Biester, nach denen ich so gerne geschlagen hätte, was uns diese Buddhisten jedoch verboten hatten, weil auch dies Teil der Gewaltfreiheit zu sein hatte. »*One animal eats the other*«, ein Tier frisst das andere, hatte einer von ihnen einmal gesagt, »und die Vögel brauchen diese Moskitos. Also verscheucht sie nur, aber lasst sie leben.« Heimlich genieße ich jedoch immer wieder meinen Sieg, wenn ich einen dieser ganz eifrigen und überhaupt nicht zu vertreibenden Sauger zu fassen bekomme, besonders dann, wenn des Nachts einer sogar den Weg unter mein Moskitonetz gefunden hat. Stets ein wahrer Schlag der Befreiung, ein Triumph der menschlichen Spontanreaktion über den geistig verzögerten Pazifismus.

Vom Kreislauf des Lebens und dem Entstehen von irgendwas im Anderswo

Ich habe nicht übermäßig viel Zeit, über meine momentane Situation zu reflektieren, bin eher gespannt, was nun kommen wird, als der Abt seine Stimme leicht hebt, aber gerade so, dass man es auch noch in der letzten Reihe der nach allen Seiten offenen Meditationshalle aus schmucklosem Beton hören kann:

»*The best moment of your life is now!*« (Der beste Moment eures Lebens ist jetzt!), sagt er mit Betonung und einer kleinen Pause zum Sinkenlassen. »Alles, was ihr hinter euch habt, ist gelebt und nur noch ein Teil eurer Erinnerung. Die Zukunft ist noch nicht und ihr wisst auch nicht, ob ihr sie erlebt und wie lange sie dauert. Das Leben findet nur jetzt, genau in diesem Moment statt! Du kannst im nächsten Moment einen Schlaganfall haben, oder in einem Monat erzählt dir der Hausarzt, dass du Krebs hast. *You don't know.* Alles, was ihr wisst, ist, dass ihr jetzt lebt, genau in diesem Moment – und deshalb ist dies der beste Moment in eurem Leben!«

Das sitzt! Denn irgendwie ist es verdammt logisch und einleuchtend! Da gab es bei mir einmal den Verdacht auf Darmkrebs, fünf

Tage habe ich geschwitzt und gebangt, bis ich endlich die Diagnose »negativ« bekam. Ich habe unerwartete Todesfälle im Freundes- und Bekanntenkreis miterlebt, es gab Herzinfarkte und plötzliche Tumore. Auch mit der Vergangenheit hat er recht: Bilder, Erinnerungen des Geistes, die vorbei und ausgelebt sind und höchstens noch durch ihre Auswirkungen in die Gegenwart hineinreichen, in sich selbst jedoch abgeschlossen, gestorben sind. »Alles verklingt wie ein Ton im Nichts«, hatte ich irgendwann gelernt. Es war schnell zu meinem Mantra geworden und an dieser Stelle fällt es mir wieder ein, bei dieser Belehrung über die Vergänglichkeit dessen, was wir »Jetzt« nennen, und von einer Zukunft, die noch nicht ist. Das Hier und Jetzt, nicht das Gestern und nicht das Morgen ist wichtig, nur das, was gerade jetzt passiert, weil sich das Leben nur im Moment des Augenblicks abspielt. Alles andere ist entweder bereits Gelebtes oder Zukunft, Illusion und Hoffnung.

»Das beste Essen«, höre ich den Abt in seinem thai-englischen Singsang aus einiger Entfernung reden, »ist wenige Stunden später bereits zu einem länglichen Klumpen braunen Kots geworden, verdaut und ausgeschieden. So denkt bei eurer täglichen Verrichtung nicht nur an den wohltuenden Prozess der momentanen Ausscheidung – *Enjoy it!* –, sondern auch an die Vergänglichkeit und dass es keinen Sinn macht, an irgendetwas festzuhalten. Denn alles unterliegt dem steten Prozess der Wandlung, der Geburt, des Sterbens und der Wiedergeburt. Auch das, was ihr ausscheidet, gerät in diesen Kreislauf des Lebens und entsteht wieder als irgendwas im Anderswo.«

Ein profanes Beispiel, aber jeder kann es begreifen, jeder der hier Anwesenden kann problemlos nachvollziehen, wovon der Mann spricht. Klar, einfach, deutlich. Parabeln, die man versteht und die nicht lange interpretiert werden müssen!

Der Zyklus von Geburt, Tod und Wiedergeburt

»Tatsächlich ist dies ein gutes Beispiel für den ewig währenden Zyklus von Geburt, Tod und Wiedergeburt«, fährt er fort. »Wiedergeburt wird häufig missverstanden. Die meisten Menschen denken dabei ausschließlich an eine körperliche Wiedergeburt, weil sie Angst vor dem Tod haben. Aber tatsächlich wissen wir nicht, ob wir wiedergeboren werden, ob es da ein tieferes Bewusstsein oder eine Seele gibt, die wiederkommt – *we just don't know!* –, was wir aber wissen, ist die Tatsache, dass das, was wir ausscheiden – quasi das, was geendet hat –, in irgendeiner Form in den Boden und ins Wasser geht, welches wiederum über die Erde und die Atmosphäre erneut in Pflanzen oder Tiere übergeht, die wir folglich essen; und damit wird das, was gestorben war, erneut in den Kreislauf eingebracht und wiedergeboren.

So einfach sind Tod und Wiedergeburt – und nicht anders! Sie finden in jedem Moment statt und nicht nur dann, wie viele Religionen lehren, wenn eine Seele einen Körper verlässt.«

Ich halte inne, denke kurz nach. Auch dieser Aussage kann ich folgen, sie ist logisch, untheoretisch, praktisch auf den Punkt gebracht. Sie ergänzt auch gut das Thema vom gestrigen Tag. Aber er ist noch nicht fertig mit seinen Ausführungen:

»*Be aware of the present moment*«, geht es weiter. »Seid euch bewusst über den jeweiligen Moment. Tut alles, was ihr macht, mit vollem Bewusstsein und mit Achtsamkeit! Und vergesst dabei die dualistische Vorstellung von Zeit und Raum. Sagt nicht ›Ich muss heute Morgen etwas tun‹, denn tatsächlich gibt es dieses ›heute Morgen‹ nicht. Wir können nur eines nach dem anderen tun. ›Heute Morgen‹ ist nur eine Definition, eine Konditionierung, genauso wie ›neun Uhr‹ oder ›heute Abend‹. Eine Handlung bedingt die andere und weder die Zeit existiert als Zeit und auch nicht der Raum als solches. Denn beide sind unendlich und undefiniert. Was ist, ist der gegenwärtige Moment und die Handlung an sich!«

Vieles wichtig, auf einmal nicht mehr wichtig

Dies ist wieder ein Stück reiner Philosophie, es kommt mir vor, als ob ich diese Sätze schon einmal gehört hätte. Nicht nur die östlichen Buddhisten sprechen so, Ähnliches sagen auch die Philosophen unseres heimischen Westens. Nur, ich sitze hier im

Schneidersitz in einem thailändischen Kloster, Moskitos summen um mich herum, feine Schweißperlen tropfen aus meiner Achselhöhle auf meinen Bauch – und irgendwie fühle ich mich dennoch richtig gut. Endlich kommt da wieder ein anderer Inhalt in meinen Kopf, ich werde nicht nach Umsatzzahlen und nach Gewinn gefragt, die in Mikrosekunden gemessenen Taktraten von Computern sind mir egal, ich höre etwas über Wiedergeburt und von einer Zeit und einem Raum, die irrelevant, weil undefinierbar sind, und außerdem ist ohnehin alles vergänglich. Und damit relativ und nicht ganz so wichtig. Jedenfalls, so wird mir schlagartig klar, war vieles, allzu vieles in meinem bisherigen Leben wichtig, das nun auf einmal nicht mehr wichtig ist. Mehr noch, vieles, um was ich mit Herzblut gekämpft habe, ist auf einmal in der Nichtigkeit einer Vergangenheit untergegangen, derer ich mich im besten Fall vielleicht noch rühmen kann und der ich auch noch nachhängen möchte – aber sie ist endgültig vorbei! Und damit ist für mich in diesem Moment ebenso klar, ich darf – und kann gar nicht stehen bleiben: Das Leben muss täglich neu erfunden und gelebt werden! Ich kann nur vorwärts gehen, nicht zurück!

Leben im Hier und Jetzt – ohne Vergangenheit und Zukunft?

Das Leben im Hier und Jetzt, quasi tagtäglich in jedem Moment dessen, was jetzt ist, beschäftigt mich noch lange. Will ich – kann ich – im Hier und Jetzt leben ohne meine Vergangenheit? Geht das? Ohne meine Tagebücher, in denen mein Leben mit den wichtigsten Ereignissen niedergeschrieben ist? Ohne meine Fotoalben, in denen mein Leben in Bildern festgehalten ist? Nein! Alles, was und wer ich bin, ist der, der aus der Vergangenheit kommt. Das Leben im Hier und Jetzt ist immer auch ein Leben mit der Vergangenheit – und einem auf die Zukunft gerichteten Blick!

Insbesondere in der buddhistisch angehauchten Literatur wird das Thema häufig einseitig beschrieben. Nur die Gegenwart zähle, nicht das Vorher, nicht das Morgen. Der Abt hat das ziemlich undogmatisch formuliert, hat da einiges angestoßen, was mich hinterfragen lässt und zu meinem besseren Verständnis beiträgt. Ist das gelebte Leben, die Erinnerung an das, was vorher war, nicht auch ein ganz wesentlicher Teil von uns selbst? Etwas, das man in keinem Fall ausblenden oder gar verleugnen sollte! Zu viele alte Leute habe ich kennengelernt, für die ein wesentlicher Lebensinhalt war, nicht nur ihr Alter zu leben, sondern auch die Vergangenheit. Das, was war. Mit den Menschen, die ihnen wichtig waren, mit dem, was sie geschaffen hatten, was sie erlebt hatten – positiv und negativ –, mit ihren Erfolgen und Niederlagen, mit dem Schönen und dem nicht so Schönen. Sollte – kann man das alles für ein Hier und Jetzt fallen lassen oder gar verneinen? Quasi einen Reset-Button drücken, auf back to zero, hinein in den Augenblick? Ist da nicht auch eine Verantwortung für das, was war, was man erlebt und was man getan hat? Eine notwendige Zeit für das Resümee, für das Bilanzziehen, für ein Lernen aus dem Gestern, um das Morgen besser gestalten zu können? Brauchen wir nicht auch die Erfahrung der Vergangenheit, um die Zukunft besser planen und gestalten zu können? Nein, auf das Schwelgen in dem, was war, in meinen »vergangenen Heldentaten«, auch mit den Tiefschlägen, von denen ich gelernt hatte – darauf möchte ich persönlich auf keinen Fall verzichten! Auch nicht auf die Paradiese, die sich mein Kopf erträumt. Doch den Augenblick besser zu schätzen, das Hier und Jetzt, von dem der Meister gesprochen hat, es zu genießen und in jedem Moment zu würdigen, schließt weder die Vergangenheit noch die Zukunft aus. Das eine kann sehr gut mit dem anderen existieren. Sie gehören sogar untrennbar zusammen!

Dabei fällt mir ein Satz von William Faulkner ein: »Das Vergangene ist nicht tot – es ist nicht einmal vergangen.« Und Talleyrand, der meinte: »Man muss die Zukunft im Sinn haben und die Vergangenheit in den Akten.«

Mein Gefühl sagt mir, auch zum Hier und Jetzt wurde im Westen vieles falsch oder gar opportunistisch interpretiert. Zum Hier und Jetzt gehört die Vergangenheit und auch die Verantwortung für die Zukunft!

Meditieren in der Gruppe einfacher und von wegen »im Hier und Jetzt«

Mit seinen geistigen Anregungen lädt uns der Abt zur nächsten Meditationssitzung ein. Doch ich entscheide mich zu schwänzen. Mir erscheint es wichtiger, auf einem kleinen Spaziergang durchs Gelände noch mal zu reflektieren. An einem kleinen Teich, der von heißen Quellen gespeist wird, finde ich ein ruhiges Plätzchen und es dauert nicht lange, bis ich vom Schauen in die Meditation gleite. Jedoch gelingt mir nur ganz wenige Minuten die Konzentration auf den Atem. Dieses »ein« und »aus«. Dann dreht sich das Gedankenkarussell. Unbeherrschbar, nicht zu bremsen. Ein wahrer Tsunami von verschiedenartigen Impulsen und Filmen. Da fällt mir ein, dass ich ein paar meiner Klamotten waschen sollte, dann denke ich an meine kleine Tochter, dann kommt der Stress in meinem Job, mit der Gleichzeitigkeit vom Bling einer Nachricht auf dem Handy und dem Klingelton eines anderen Telefons die Eingebung, dass ich irgendwann einem Kunden noch ein dringendes Mail schreiben wollte und mit der gleichen Priorität auch noch ein Mitarbeitergespräch vorbereiten sollte, dann bin ich wieder zurück an dem Ort, wo ich derzeit bin, nämlich im Kloster, und bei der Tatsache, dass ich eigentlich mit den anderen Teilnehmern meditieren sollte. Wollte. Sollte. Wollte. Dann fällt mir die Frau ein, die bei den verschiedenen Sessions sehr häufig vor mir sitzt, ihr blondes, langes Haar, ihre sehr ansehnliche Figur, die mich regelmäßig zu anderen Ideen als zum Meditieren verleitet, dann versuche ich mein Hirn in andere Richtungen zu lenken, weil doch jede Art von sexuellen Vorstellungen während dieses Retreats unterbleiben soll, mir fällt der Irrsinn auf, dass ich in meinem Job ständig zu vieles gleichzeitig machen wollte oder musste, dann folgt mein Ohr dem Zwitschern eines Vogels, und schließlich fällt mir wieder die Konzentration auf den Atem ein – doch es dauert nicht lange, bis ein neuer Blitzkrieg von Gedanken unterschiedlichster Richtungen beginnt. Genervt gebe ich nach geschätzten zehn Minuten auf und stelle zum wiederholten Male fest, dass das Meditieren in der Gruppe, mit der entsprechenden Dynamik und dem Gruppendruck, für meine Art Mensch wohl doch sehr viel einfacher ist. Und dass »Hier und

Jetzt« und »Leben im Moment des Augenblicks« in keinster Weise eine einfache Übung ist. Zumindest eine, an der ich noch deutlich zu arbeiten habe!

Ansonsten liefert dieser fünfte Tag in der Ruhe keine großen Neuigkeiten mehr. Er klingt aus mit den lauten Stimmen im Kopf und Gedankenspielen über das eigene Leben.

Eintrag in meinem Tagebuch
Mein Körper ist müde und ich bin müde mit mir selbst. Aber etwas in mir sagt, ich werde aufstehen und neu anfangen!

Der sechste Tag

Das Nennenswerte an diesem Tag beginnt damit, dass Yoga-Alex erklärt, er hätte uns nun einige Tage lang verschiedene Übungen gezeigt und dass er von nun an strikt nur eine bestimmte Sequenz von Übungen mit uns machen will – er nennt es sehr ermutigend »Wiederholung bis zum Umfallen« –, damit wir uns diese einprägen und zu Hause, möglichst täglich in einer morgendlichen halben Stunde, selbstständig durchführen könnten. Dabei will er sich an jeweils fünf Übungen im Stehen halten, darunter den berühmten »Sonnengruß« und die Stellung des »Baums«; auf dem Bauch den »Bogen« und etwas, das er »Heuschrecke« nennt; auf dem Rücken beispielsweise die »Brücke« und das »Rad« oder die »Kerze«; im Sitzen unter anderem den »Frosch«, »Spirale« und so weiter. Er erklärt jedes Mal, für welche Muskeln und Körperpartien die einzelnen Verrenkungen gut sein sollen, was sie bewirken und auf was wir dabei besonders achten müssten. Und natürlich, wie und wo wir diesbezüglich unbedingt hin atmen sollten. Alex verlangt vieles gleichzeitig. Doch erweist sich seine Penetranz für die Zukunft als wirksam. Einiges bleibt tatsächlich hängen und anderes kann ich in späteren Yoga-Kursen vertiefen. Schließlich bewirken diese morgendlichen Sessions mit Alex, dass dieses Yoga ein Teil meines Lebens wird und sich bei mir das Verlangen einstellt, meinem Körper damit regelmäßig etwas Gutes zu tun.

Aussehen leicht verändert, passende Kleidung, natürliches Ambiente

In der folgenden Pause betrachte ich mein Gesicht in dem kleinen Taschenspiegel, den ich mitgebracht habe. Wer mir entgegenblickt, ist ein leicht anderer als der vor noch gut einer Woche.

Innerhalb weniger Tage hat sich auch mein Aussehen verändert. Ich erhalte die Rückmeldung »Du siehst entspannter aus, ganz so, als ob schon eine gewisse Last von dir abgefallen wäre«. Die Haare sind strubbelig, der Mehrtagebart verleiht mir einen leicht verwegenen Anblick, das Gesicht ist nicht mehr so blass, die Augen glänzen. Dazu passt auch die Kleidung. Ich stecke barfuß in Badeschlappen, trage eine dieser sehr bequemen, langen weiten Hosen aus Leinen und darüber ein ebenso weites weißes Leinenhemd, beide »Handmade in Thailand«.

Das Ambiente hier mit seiner natürlichen Einfachheit, das Erleben in dieser Gruppe von anderen Menschen, die mir zeigen, dass ich nicht der Einzige bin, der neue Ansätze für sein Leben sucht, die tropische Umgebung mit den urigen Lauten der Tiere, der weiche Klang des Aneinanderreibens der riesigen Palmblätter, die Schwere dieser aromatischen Luft mit ihren vielfältigen Düften, das alles hat mich in erstaunlicher Geschwindigkeit in einen ganz anderen Modus versetzt. Wenn hier auch nicht alles perfekt sein mag, so ist es doch eine Erfahrung, die ich schon jetzt, nach diesen wenigen Tagen, nicht mehr missen möchte.

War ich zu Hause der News-Junkie, der schon beim Rasieren im Bad das Radio einschaltete, dann beim Frühstück die Zeitung überflog und wie von einem inneren Drang beherrscht auf die Abendnachrichten im Fernsehen wartete, ist mir hier die Welt da draußen ziemlich wurscht. Irgendwie ist mir klar geworden, dass ich das Geschehen da draußen im Prinzip recht wenig beeinflussen kann, selbst wenn ich mich politisch engagieren würde – zu was ich allerdings recht wenig Lust verspüre. Und das, was ich durch meine Tätigkeit in einem Betrieb mit dem Namen Zello bewirkte, war zwar für die Firma selbst und meinen Lebensunterhalt nicht ganz unerheblich, für die Welt an sich jedoch von wenig Relevanz. Jemand anderes könnte das genauso gut! Doch von was sonst und wie wollte ich meine Brötchen verdienen? Was hatte ich gelernt, außer Zeugs an den Mann oder die Frau zu bringen, nämlich das, was man Marketing und Vertrieb nannte? Ich merkte, wie da eine grundsätzliche Frage auftauchte, die genauer betrachtet werden wollte und die vielleicht nicht mehr zu verdrängen war.

Viel mehr Zeit zum Sinnieren bleibt mir freilich nicht. Inzwischen ist es zehn Uhr geworden und die Glocke läutet den nächsten Dhamma-Vortrag ein. Doch zum zweiten Mal in dieser Woche wird die sonstige Gelassenheit durch Aufregung ersetzt. Da man bekanntlich nicht reden soll, wird gestikuliert. Einige Leute wedeln mit beiden Armen und machen ein Zeichen, das offensichtlich anzeigen soll, dass da etwas ist, gut zwei Armenlängen breit und, durch beide Daumen und Zeigefinger aneinander angedeutet, etwas Dickes, gefolgt durch Zickzackbewegungen mit nur einer Hand, etwas, das sich schlängelt. Da wir bereits bei der Einführung darauf hingewiesen wurden, dass es hier nicht wenige Schlangen gibt, liegt der Schluss sehr nahe, dass es sich genau um das, und zwar um ein größeres Exemplar handeln muss. Und prompt sehe ich nun, etwa zehn Meter von mir entfernt, ein tiefschwarzes, sicherlich zwei Meter langes Reptil mit Respekt einflößenden Ausmaßen. Nichts tun ist die Devise, Ruhe bewahren und hoffen, dass es sich genauso verzieht, wie es kam. Keiner wirft einen Stein oder nimmt einen Stock, um es zu vertreiben. Das Monster kapiert offensichtlich von selbst, dass es hier nicht sonderlich erwünscht ist, und schlängelt sich mit beachtlicher Geschwindigkeit ins nahe liegende Gebüsch. So wie die Aufregung kam, legt sie sich auch wieder. Beinahe bin ich dankbar für die kleine Abwechslung, merke mir allerdings, dass die mahnenden Worte vom Anfang sehr wohl begründet waren und dass ich durchwegs noch besser aufpassen sollte, wohin ich trete!

Was ist Karma – was ist Schicksal?

In der Dhamma Hall angelangt, kann ich nicht ganz vermeiden, auch diesen Ort von nun an etwas genauer nach ungebetenen Gästen abzuscannen. Zumindest alles, was in meiner unmittelbaren Nähe liegt. Doch ich entdecke weder einen Skorpion noch eine Schlange, nicht einmal eine Kakerlake. Selbst die Moskitos haben um diese Tageszeit das Feld geräumt. Nur erscheint mir, wie schon am frühen Morgen, dass sich die Anzahl der Teilnehmer, namentlich der jüngeren, offensichtlich etwas ausgedünnt hat. Ist es das stundenlange Sitzen, das tagelange Schweigen, die ungewohnte Beschäftigung mit sich selbst, vielleicht auch das monotone Essen. Oder kann es einfach sein, dass den einen oder anderen das andere Leben da draußen, mit den wunderbaren Stränden, diesem warmen Meer, der heiteren Lebendigkeit seiner Menschen, mehr lockt? Vielleicht ist ihr einziger Urlaub zeitlich doch zu begrenzt für eine zehntätige Reise nach innen, womöglich sind ihnen unbeschwertes Feiern und Party doch wichtiger als eine Introspektion, die auch Fragen aufwerfen kann, deren Antworten unbequem sein mögen, weil sie in aller Regel Veränderungen bedingen, für die man häufig noch nicht bereit ist. Ich empfinde dafür volles Verständnis! Musste ich selbst doch erst an einen Punkt gelangen, an dem ich reif wie eine Banane war – bis kurz vor der Überreife –, wo mir schmerzlich klar wurde, dass ich unmittelbar vor der Verfaulung stand und ein Weiter-so in die sichere Sackgasse geführt hätte. Und so fand ich mich hier, am sechsten Tag, der auch der erste Tag nach der Halbzeit war, dauerhaft verschwitzt und ohne Eile, doch immer noch neugierig auf das, was kommen würde, mit wohltuendem Abstand zu einer Welt, die mit erstaunlicher Geschwindigkeit inzwischen deutlich weiter entfernt schien als die rund zwei Wochen, die ich insgesamt erst unterwegs war.

Santikorn Bikkhu sitzt wieder vorne, auf dem Kissen mit dem kleinen Teppich, das ich inzwischen als Thron bezeichne, und wartet geduldig, bis der oder die Letzte einen passenden Platz gefunden hat. Dann schlägt er auf die Klangschale, schließt wie zum tiefen Nachdenken für beinahe eine Minute die Augen, um dann mit einem langen, wissenden Blick die Gesichter vor ihm zu mustern. Nach einem tiefen Atemzug hebt er die Stimme und beginnt:

»Heute wollen wir einmal genauer betrachten, was wir unter *Karma*, wie es im Sanskrit heißt, oder auch *Kamma* auf Pali verstehen, im Unterschied zu dem, was ihr als Schicksal kennt oder im islamischen Teil der Welt auch als Kismet bezeichnet wird. Um es klar und deutlich voneinander abzugrenzen, heißt Karma nichts anderes als ›Handlung‹ oder auch ›Tun‹, was also impli-

ziert, dass der Einzelne das, was immer wieder und fälschlicher-
weise als ›Schicksal‹ bezeichnet wird, selbst beeinflussen und
lenken kann, weil er oder sie persönlich dabei die aktive Kraft ist,
die dahintersteht und das Steuer in der Hand hält.

Schicksal dagegen – oder Kismet – ist ein von Gott zugeteil-
tes Los, dem man nicht entgehen kann. Der Buddhismus kennt
nur Karma, aber kein Kismet! Wir haben lange über den unabhängigen Geist und die Selbstbestimmtheit der individuellen
Person geredet. Ein Gott, der alles lenkt und steuert, dem man
ausgeliefert ist, hat da rschwerlich Platz. Karma ist auf dem Prinzip Ursache und Wirkung aufgebaut, was heißt, dass jede Handlung – egal ob von dir oder einem deiner Mitmenschen, ganz
ähnlich einer berechenbaren chemischen oder physikalischen
Reaktion – eine Wirkung nach sich zieht. Anders allerdings als
in der Chemie oder Physik ist sie nicht ganz so vorhersehbar und
berechenbar, weil es sich bei dieser Art von Reaktion um nichts
Materielles oder immer gleich ablaufende Prozesse handelt, sondern um sieben Milliarden Menschen mit sehr individuellen Aspekten, bei denen völlig unterschiedliche Faktoren und auch Re-
aktionsmuster dahinterstehen. Oder wenn ihr ein Beispiel aus der
Pflanzenwelt nehmt: Ein kleines Samenkorn enthält im Prinzip
den ganzen späteren Baum. Doch dessen Aussehen ist wiederum
abhängig von der Bodenbeschaffenheit, von der Sonneneinstrah-
lung, von der Lage, von Wind und Regen und so weiter. Auch er
hat sein eigenes Karma.«

Diese Aussage leuchtet mir ein und entspricht meiner persönlichen Anschauung; nämlich, dass der Mensch in allererster Linie
für sich selbst verantwortlich ist und damit auch die Freiheit hat,
weitgehend sein Leben selbst steuern zu können – und durchwegs in der Lage sein sollte, die Konsequenzen für sein Handeln
einzuschätzen. Ein sehr hohes Gut, das ich nicht unbedingt an
einen wie auch immer gearteten Gott mit einer unkalkulierbaren
Güte und Großzügigkeit oder auch an einen zornigen, strafenden
Übervater mit nicht vorhersehbarem Urteilsvermögen delegie-
ren möchte. Auch nicht an einen übergeordneten Staat. Ich bin
gerne selbst der Pilot, von autonomem Fahren und unkontrollier-

ter Delegation nach oben halte ich recht wenig. Lieber selbstbestimmt als ferngelenkt von fremder Hand oder Macht!

Alles, was folgt, kommt aus dem, was war

Santikorn fährt fort: »Um euch den Unterschied zwischen Karma und Schicksal zu verdeutlichen, möchte ich ein praktisches
Beispiel anführen, das jeder nachvollziehen kann und welches
plastisch darstellt, dass du selbst verantwortlich bist für den Zustand, in dem du dich befindest, und dass du diesen sehr wohl
beeinflussen kannst.

Nehmen wir an, du begibst dich auf einen Spaziergang, bist
bereits aus dem Haus, schaust zum Himmel hoch und siehst di-
cke Gewitterwolken. Weil du aber bereits draußen bist und nicht
noch mal die Treppen hochlaufen willst, um einen Schirm zu
holen, denkst du ›Es wird schon gut gehen‹ und gehst weiter.
Prompt fängt es nach zehn Minuten an zu gießen und du wirst
durch und durch nass.

Was ist passiert?

Einen Spaziergang zu unternehmen war deine freie Entscheidung und der Beginn des folgenden Karmas – dessen, was
zwangsläufig folgt. Wir nennen das landläufig ›schlechtes Karma‹. Denn zurückzugehen und einen Schirm zu holen war dir zu
viel – eindeutig deine freie Entscheidung!

Du hast das Gewitter kommen sehen, aber dich entschieden,
trotzdem weiterzugehen. Ohne Schirm! Wieder deine persönliche Entscheidung.

Das Gewitter kam, ohne dass du es beeinflussen konntest, es
war quasi die Macht von oben – deshalb nennen wir es ›Schicksal‹ oder wenn ihr wollt ›Kismet‹.

Und dann, als Konsequenz oder Wirkung, bist du total
durchnässt worden – aufgrund deiner ursächlichen Entscheidungen: erstens spazieren zu gehen, zweitens keinen Schirm mitzunehmen. Somit: *Bad karma!* Klar und logisch. *Isn't it!*«

Tatsächlich. Es ist so! Einleuchtend und logisch. Unterschied
zwischen Karma und Schicksal kapiert!

»Ich gebe euch noch ein Beispiel: Du bist Raucher, weißt genau, welche Konsequenzen das haben kann – nämlich Gefäßverengungen, sprich: hohen Blutdruck, eventuell Lungenkrebs –, meinst aber, du kannst damit nicht aufhören.

Deine persönliche Entscheidung, nicht die von einem Gott! Jahre später stellt der Arzt tatsächlich die Diagnose ›Lungenkrebs‹ bei verengten Gefäßen.

Was ist es? Bestimmt kein Schicksal, sondern schlicht und einfach ›schlechtes Karma‹, von dir selbst verursacht, weil du deine Sucht nicht bändigen konntest oder wolltest – mit entsprechender Wirkung.«

Wieder klar und nachvollziehbar! Ich glaube zu spüren, wie sich der eine oder andere Raucher aus der Runde angesprochen fühlt.

Und dann kommt ein Satz, den ich mir einpräge: »*Alles, was folgt, kommt aus dem, was war! Nichts anderes ist Karma.* « Das ist wieder kurz, prägnant, logisch. Dem gibt es nichts hinzuzufügen, da ist alles drin. Eigenverantwortung, Zusammenhänge, Vorgeschichte und, wenn man unbedingt will, sogar ein bisschen Schicksal.

Ich glaube, der Meister hat es darauf angelegt, dass jedes seiner Beispiele gezielt ankommt, denn er bringt noch so ein schönes:

»Du stellst fest, du wiegst einige Kilos zu viel, und findest, du könntest gerne ein paar Zentimeter größer und dein Bauch etwas kleiner sein. Wie passen Schicksal und Karma da rein?

Erstens: Du bist genetisch etwas kleiner geraten, von der Statur und aufgrund deiner Herkunft kompakter gebaut, denn auch dein Vater und deine Mutter neigen zu einem Bauchansatz. Dagegen wirst du relativ wenig tun können – es ist Schicksal, weil genetisch bedingt. Und größer kannst du ab einem gewissen Alter schon gar nicht mehr werden. Auch dein genetisch bedingtes Schicksal!

Zweitens – und jetzt dreht es sich: Du isst und trinkst gerne, bist noch dazu ein geselliger Mensch und fühlst dich in dieser Rolle auch insgesamt sehr wohl – obwohl du ein paar Pfunde weniger gut fändest. Doch du entschließt dich, lieber so zu bleiben, wie du bist, genießt das Leben und akzeptierst die Extrapfunde – vielleicht auch nur so lange, bis du für zwei Wochen zum Heilfasten gehst und dann das Spiel von vorne beginnen lässt.

Wieder deine freie Entscheidung! Und damit dein Karma: Ein bisschen zu schwer – dabei aber zufrieden. Weil ›zufrieden‹, würde ich es sogar ›gutes Karma‹ nennen.

Kapiert?«

Ja – ich habe verstanden! Offensichtlich auch der Rest der Gruppe, die seine Ausführungen mit vernehmlichem Lachen quittiert.

Fakten anerkennen, Veränderungen bewirken

Nun setzt er noch einen drauf mit der Frage: »Gibt es so etwas wie ein Karma für ein gesamtes Volk? Eine Frage, die uns immer wieder gestellt wird. Und ich würde sie klar mit Ja beantworten – auf die Gefahr hin, dass man sich damit durchaus politisch oder moralisch angreifbar macht.

Doch wenn man die Welt und einzelne Nationen objektiv betrachtet, wird man nicht umhinkommen, sich einzugestehen, dass es Länder gibt, wo Korruption und Ausbeutung unauslöschbar erscheinen, wo religiöse Eiferer jeden Fortschritt verhindern – oder andererseits, wo Recht und Ordnung den Alltag bestimmen, wo fleißig und ehrlich gearbeitet wird, wo Steuern bezahlt werden und so weiter. Manche Staaten werden autoritär von Diktatoren und Oligarchen gelenkt, andere durch ein demokratisches System mit Gewaltenteilung, einer unabhängigen Justiz und einem Parlament, freier Meinungsäußerung und Religionsfreiheit. Denkt einmal selbst, ohne Voreingenommenheit darüber nach – und ihr werdet, wenn ihr objektiv bleibt, zur gleichen Antwort kommen.

Wohin die eine oder andere Version führt, sollte jeder für sich erkennen können. Selbst Kontinente haben unterschiedliches Karma, aufgrund ihrer Geschichte, ihrer Kultur, ihrer Menschen – teils schlechtes, teils gutes. Wo diesbezüglich die Ursache liegt und wie die Wirkung aussieht – ich glaube, da muss man nicht einmal sehr intelligent sein, um das zu erkennen. Sehr einfach! *Isn't it!*«, fügt er wieder hinzu.

Ich erlaube mir ein kurzes Nachdenken und komme zu dem Schluss: Was ist daran falsch? Wie könnte man bei dieser offenen Betrachtungsweise an Rassismus oder Voreingenommenheit denken, wie gewisse Kreise glauben, es tun zu müssen? Ich finde, es ist hilfreicher, die Fakten zu betrachten. Denn nur wer die Fakten anerkennen kann, kann auch Veränderungen bewirken! Buddhismus als Lehre des klaren Geistes und nicht von Vernebelungskerzen.

Nach diesen einleuchtenden und einfachen Beispielen wird Santikorn wieder etwas trocken, bringt aber noch eine wesentliche Ergänzung zum Thema: »In der hiesigen Form des Buddhismus sehen wir die Auswirkungen unseres Tuns und Handelns in erster Linie als etwas, das in diesem Leben stattfindet und nicht auch noch in einer möglichen Wiedergeburt, sprich Reinkarnation, wie einige andere buddhistische Schulen dies lehren«, fährt er fort. »In jedem Fall resultieren sie aus einer vorherigen Handlung und haben Auswirkungen auf das Geschehen in der Zukunft – für jeden Einzelnen, für eine Familie, für eine Firma, für ein ganzes Volk!«

Nach dieser, für mich wieder sehr interessanten Session komme ich nicht umhin, intensiv über einige Details meines eigenen Lebens nachzudenken. Über verschiedene Aspekte, beruflich wie auch im persönlichen Bereich. Ich versuche die Ursachen für vieles, was schief lief, aber auch für so einiges, was positiv verlaufen ist, zu ergründen, die Wege und Verschlingungen und wohin sie führten – welche Wirkungen, Resultate sie schließlich hatten. Wo lagen die Wurzeln, wie waren die Verläufe und was kam schließlich dabei heraus? Ich frage mich auch, inwieweit ich mir meine Lebensziele bewusst gesetzt habe oder ob sie nur zufällige Resultate der Umstände und meiner Zeit waren. Wann und wo war ich lediglich der Passagier, wann der Pilot?

Diese Analyse beschäftigt mich dauerhaft, weit über dieses Retreat hinaus, sowohl was mich persönlich betrifft, wie zum Beispiel in meiner eigenen Kleinfamilie, bis zu meinem Beruf und selbst zu meinem eigenen Land. »Die Analyse kommt vor der Erkenntnis«, habe ich irgendwann gelernt. Kann es sein, dass ich da einiges vergessen, falsch eingeschätzt habe? Dieses äußerst einfache und einleuchtende Gesetz von Ursache und Wirkung – das sie Karma nennen –, hat etwas ausgelöst in mir. Was könnte auch naheliegender sein als das? Hinschauen, die Zusammenhänge erkennen!

Das Thema zieht weitere Fragen nach sich

Stunden später, nach einigen Meditationsübungen, erlebe ich, dass das Thema nicht nur mich beschäftigt und weitere Fragen nach sich gezogen hat. Noch an diesem Tag, bei der abendlichen Questions and Answers Session, zieht Santikorn einige Zettel aus seinem Korb und liest laut vor.

»Erste Frage von einem Mann, der mit ‚John‘ unterschrieben hat: ›Wenn man sich in Thailand umsieht, einem vornehmlich buddhistisch geprägten Land, geht es hier wirklich friedfertiger zu als anderswo in der Welt? Wie wird bei den einzelnen Handlungen auf die karmischen Folgen geachtet? Sind die Menschen hier insgesamt glücklicher als in anderen Teilen dieser Erde?‹«

Er scheint sich besinnen zu wollen, bevor er schließlich ausholt: »Wie ihr in der hiesigen Presse lesen könnt, gibt es Konflikte zwischen Buddhisten und Muslimen, die leider wenig friedfertig ausgetragen werden. Über die Ursachen kann man lange diskutieren – die Auswirkungen sind offensichtlich: Attentate, kriegsähnliche Zustände in Teilen des Landes, gefolgt von Armut, Hass und Wut, schließlich noch mehr Konflikte. Leider! Wo Menschen sind, ist auch Unvernunft gepaart mit den drei typischen menschlichen Grundübeln: Gier, Hass und Verblendung – in allen Ausprägungen und Nuancen. Wir haben darüber geredet. Inwieweit über die karmischen Auswirkungen nachgedacht wird? Das liegt bei jedem Einzelnen! Ich glaube aber schon, dass viele Menschen in diesem Teil der Welt dafür ein instinktives Gefühl haben und auch danach leben. Die meisten Religionen predigen letztlich ja dasselbe. Und ob sich die Menschen hier glücklicher fühlen als anderswo? Schaut euch selber um und macht euch ein eigenes Bild!«

Dann nimmt er noch ein paar andere Zettel in die Hand, liest sie in aller Ruhe und fasst zwei Fragen zusammen: »Eine ‚Lisa‘ will wissen: ›Wie ist das mit der Demokratie in Thailand? Gibt es Religionsfreiheit, welche Rolle hat der König?‹

Und ein ›Carlos‹ stellt die Frage: ‚In welchem Zustand ist der Buddhismus in diesem Teil der Welt? Ähnlich wie das Christentum auf anderen Kontinenten?‘«

Wo Menschen sind, da menschelt's

Wieder macht er eine Pause zum Nachdenken, wischt sich mit der Hand über den Kopf, rückt die Brille zurecht und hebt schließlich die Stimme:

»Thailand ist in der Tat die älteste Demokratie in Asien. Seit 1932 eine konstitutionelle Demokratie, mit dem König als Oberhaupt und religiösen Schutzherrn über den Buddhismus. Majestätsbeleidigung wird streng geahndet – und das Militär spielt hier eine starke Rolle. Immer wieder greift es ein, um, wie es heißt, die Demokratie zu schützen; ein General übernimmt dann gerne den Posten als Premierminister. Das ist so. Weiter möchte ich das nicht vertiefen, wir halten uns aus politischen Fragen raus!«

Die Frage von Carlos beantwortet er sehr klar: »Zum Zustand des Buddhismus im Verhältnis zur reinen Lehre muss man leider bemerken, dass er keineswegs in einem besseren Zustand als beispielsweise das Christentum im Westen ist – und nicht nur dort! Ihr müsst derzeit nur wieder die lokale Presse in Bangkok lesen, die es auch in englischer Sprache gibt, und da ist zu lesen: Korruption in einigen Klöstern, Veruntreuung von Geldern, Machtpolitik. Traurig. Aber leider Realität! Denkt an die drei Grundübel ...«

Dann kommen noch ein paar Fragen zur Rolle der Frauen, beispielsweise in Klöstern, ob es auch Nonnen gibt, wie das mit Homosexualität in Thailand ist, wie mit Transsexuellen, die in bestimmten Bars auftreten, wie es mit der Prostitution steht.

Santikorn fasst sich wieder überschaubar kurz: »Ja, es gibt Nonnen. Diese sind ganz in Weiß gekleidet und ebenso wie Männer auf dem Kopf rasiert. Sie führen ein Leben mit Aufgaben vor allem im sozialen Bereich, die religiösen Ämter jedoch sind männlichen Mönchen vorbehalten. So ist es«, meint er mit sichtbarem Bedauern, »und daran wird sich so schnell auch nichts ändern – analog wie im Katholizismus!

Und zu Homosexualität, Lesben oder Transsexuellen – ja, die sind, besser als in vielen anderen Ländern, hier ziemlich gut integriert. Beispielsweise hat es hier schon deutlich früher als im Westen Homosexuelle in Ministerämtern gegeben. Und was schließlich die Prostitution in Thailand betrifft – ein trauriges Kapitel, zu dem aber der Westen wesentlich beigetragen hat. Mit amerikanischen Soldaten und ihrem Urlaub aus dem Vietnamkrieg ging es richtig los, die Armut der hiesigen Bevölkerung wurde gnadenlos ausgenutzt, der Tourismus tat das Übrige. Ein trauriges Kapitel!«

Schließlich bringt er ein bekanntes Zitat, das ich erst richtig erkenne, als ich es vom Englischen ins Deutsche übersetze. »*Where you have human beings, there is human evil* – Wo Menschen sind, da menschelt's.«

Akzeptiert. Voll und ganz!

Warum wir sind, wie wir sind

Doch Santikorn ist noch nicht ganz fertig. Man sieht, wie er nachdenkt, dann fährt er sich wieder mit der Hand kurz über die Glatze, schließt dabei die Augen und hebt plötzlich die Stimme:

»Ich möchte euch noch auf etwas in Bezug auf Karma hinweisen – auf selbst- oder fremdverursachtes Karma – auf den Zusammenhang von Ursache und Wirkung: Auch die westliche Psychologie befasst sich genau mit diesem Konstrukt. In jeder Therapiesitzung geht es um das, was war, was ein Auslöser oder

Hintergrund für ein bestimmtes menschliches Verhalten gewesen sein könnte – und zu was es letztlich geführt hat, warum es so ist, wie es im Jetzt ist. Und nur die Erkenntnis dieser Zusammenhänge kann dann zu einem Heilungsprozess oder zu einer Veränderung führen. Auch in der modernen Psychologie spielt nicht etwas Gottgewolltes die zentrale Rolle, sondern das menschliche Verhalten, das Finden der Ursachen und ihrer Auswirkungen. Allerdings befasst sich der Buddhismus damit schon seit ungefähr zweitausendfünfhundert Jahren und die westliche Psychologie …« Er stockt an dieser Stelle etwas und fährt dann fort: »Seit Freud? Nicht ganz! Tiefe Denker gab es schon sehr viel früher. Aber die Systematik analog dem Buddhismus hat wahrscheinlich doch erst Freud beschrieben.« Damit verbeugt er sich nach allen Seiten mit gefalteten Händen, steht auf und geht, lässt uns alleine mit unseren Gedanken.

Dieser sechste Tag hatte es wieder in sich. Auf der harten Pritsche meiner Einzelzelle lasse ich noch so einiges Revue passieren und frage mich selbst, wie viel hier schon geschehen ist, was mich zum konstruktiven Nachdenken angeregt hat, was ich davon mitnehmen werde, welche Auswirkungen es für meinen weiteren Weg haben wird. Bisher empfand ich es als einen Intensivkurs für den Geist! Ich bin gespannt, welche Themen die nächsten Tage bringen werden, was ich davon mitnehmen werde.

Eintrag in meinem Tagebuch

Das mit dem Karma haben sie im Westen auch wieder völlig falsch interpretiert und daraus ein Modewort gemacht. Schade, denn es steckt viel mehr dahinter!
Da ist noch eine Frage, die mich beschäftigt, auf die ich aber keine Antwort finde: Inwieweit sind mein persönliches Karma – das, was passiert, was daraus folgt und schließlich wird – und mein Gott identisch? Ich weiß es nicht und werde es nie genau wissen.

Der siebte Tag

Die morgendliche Meditation ist heute wieder eine arge Herausforderung, eine Mischung aus Neugier und Verwunderung, welche Gedanken so meinen Kopf beschäftigen, gepaart mit dem verzweifelten Versuch, immer wieder zur Konzentration, auf den Atem zurückzukommen. Die quietschende Tür meiner Zelle fällt mir ein – logischerweise gefolgt von der Frage, wo ich etwas Öl herbekommen könnte, ob im Notfall auch Palmöl ausreichen würde, das wahrscheinlich leichter zu bekommen wäre – dann die Überlegung, wo ich es finden könnte: wahrscheinlich in der Küche – dann zurück zum Ein-Aus des Atems – es hält nur wenige Sekunden an, bis ich das Knurren meines Magens lautstark vernehme – Küche war schon im Gedanken von vorher im Kopf, von da zum Frühstück ist es nicht weit – schon wieder Reis mit irgendeinem Gemüse und undefinierbarem Kräutertee – ich denke an die Alternative: Eier mit Toast und Butter, schimpfe mich selbst einen verwöhnter Westler – wieder ein-aus, diesmal wenigstens zehnmal – heute noch ziemlich kühl, fällt mir auf, ich ziehe den Schal etwas enger um mich – die verdammten Beine verkrampfen, also ausstrecken und leicht schütteln – wieder das Gewissen: Du sollst dich auf den Atem konzentrieren – erneutes Zählen mindestens bis zehn, ein-aus – der heimliche Blick auf die Armbanduhr, dabei die unvermeidbare Wahrnehmung des Rückens vor mir, eine männliche Figur, mit langen blonden, etwas verklebten Haaren – scheint besser konzentriert zu sein als ich, sieht wenigstens so aus, habe ich den schon mal gesehen, ich glaube schon, könnte nur mal wieder eine Dusche vertragen, riecht etwas streng rüber, was er wohl nach dem Retreat macht, wo er herkommt ... – *shit!*, schon wieder nicht beim Atem – sind kaum erst fünf Minuten vergangen, sagt die Armbanduhr – also weg mit den völlig unwichtigen Vorstellungen und der erneute Versuch mit dem Atem, prompt nach kürzester Zeit gestört von einem neuen Sammelsurium an verschiedenartigsten Gedankenblitzen. Erst nach einer gefühlten Viertelstunde kehrt so etwas wie eine kurz andauernde Ruhe im Kopf ein. Eine spürbare Erleichterung! Leider dauert es nicht lange, bis der Geist wieder in erratische Bewegungen kommt und neuen Eingebungen folgt.

Die Erkenntnis: Wenn du die Ruhe merkst, dann ist sie auch schon vorbei – weil über das Spüren die Gedanken einsetzen und damit ein neues Geisteskino einsetzen kann.

Erst der Gong bringt die Befreiung von dieser Sitzung! Nach etwa dreißig Minuten Martyrium. Und mit der nicht ganz neuen Feststellung, dass dieser Geist nur sehr schwer zu beruhigen ist, dass er sich von selbst unablässig bewegt, gleich einem gackernden Hühnerhaufen – oder, wie man in dieser Gegend sagt, einer Herde schnatternder Affen. Ich fürchte, bei allem Bemühen, ich werde nicht zum größten Meditierer dieser Welt, auch wenn ich den Nutzen, den Sinn und Zweck erkenne.

Vom Gedankenchaos zur unerwarteten Lösung in der Meditation

Dass es auch anders gehen kann, haben zahlreiche Meditationsrunden in diesen sieben Tagen gezeigt. So auch wieder am späteren Vormittag, als es mir, ganz anders als vorhin, schon nach gefühlt wenigen Minuten gelingt, meine Gedankenmuster und ihre Folgen zu beobachten. Es ist, wie wenn man die Augen schließt und die Geräusche um sich herum zulässt, sie aufnimmt und leise beobachtet. So höre ich plötzlich Vögel, die zwar vorher auch schon vorhanden waren, die ich aber nicht wahrgenommen habe, weil der Geist woanders war. Ich hatte sie ignoriert, ausgeblendet, sie waren da, aber nicht präsent. Das, was da war, lief an mir vorbei, genauso wie das, was permanent und unbemerkt in den Hirnzellen abläuft, einen aber doch beschäftigt. So lange man dazu das Bewusstsein verschließt, verhält es sich wie Nebel, der den Blick für die Realität verschleiert – für das, was ist. Oder es spult sich ab wie ein Traum, vom Unterbewussten hervorgerufen und damit Teil vom Ich, bleibt aber in der Illusion stecken. Eine wohltuende Ruhe breitet sich schließlich vom Kopf bis in den ganzen Körper aus, befreit den Geist vom Gedankenchaos und führt ihn zur Kontemplation. So poppen regelmäßig Muster aus meinem bisherigen Leben auf, die bislang gut verpackt in der Ignoranz verharren konnten, in der Meditation aber zeigen, dass sie gesehen werden möchten. Ereignisse aus dem Berufsleben, aus dem familiären Umfeld, aus dem simplen Alltag sind plötzlich da und wollen betrachtet – oder besser noch – bearbeitet werden. Vieles schreit nach Befriedung und nicht nach Verdrängung! Und gar nicht so selten, auf wundersame Art und Weise, bietet die Meditation dann – mittendrin im Innersten des gedanklichen Orkans, nämlich da, wo es am stillsten ist – eine unerwartete Lösung an.

Leere, Nicht-Selbst und Ego

Das folgende Morning Reading befasst sich mit dem, was im Buddhismus als *Non-Self* oder *Nicht-Selbst* verstanden wird. Dabei bezieht sich Tan Sujiwo, der den Diskurs heute leitet, auf das *Handbuch für die Menschheit* von Buddhadasa. Der etwas trockene Text geht, etwas verkürzt dargestellt, ungefähr so:

»Der Ausdruck *Sunnata* beschreibt den Kern der buddhistischen Lehre. Sunnata bedeutet ›Leere‹ oder ›Abwesenheit jeglicher Form von Selbst‹. Dabei handelt es sich um die Leere von jeglicher Essenz, die wir als das ›Unsere‹ oder ›Meinige‹ betrachten können. Die Beobachtung, die zu der Einsicht führt, dass in keinem der Dinge eine Essenz oder ein Selbst vorhanden ist, an dem es sich lohnt festzuhalten, lässt uns den wirklichen Kern des Buddhismus erkennen und ist der Schlüssel zur buddhistischen Praxis. Der Ausdruck Sunnata oder *Leer von Selbst* fasst die Begriffe Unbeständigkeit (*Anicca*), Unzulänglichkeit (*Dukkha*) und Fehlen von Selbstbestand (*Anattā*) zusammen. Wenn etwas sich unaufhörlich verändert und kein dauerhaftes unveränderliches Element aufweist, kann man sagen, es ist leer von jeglichem Selbst, an dem es sich lohnt festzuhalten. Sobald jemand die Leere versteht, kommt er zu der Erkenntnis, dass nichts es wert ist, dass wir uns daran hängen, es zu bekommen oder zu sein. Der Zustand, nicht zu begehren, befreit uns von der Versklavung durch geistige Unreinheiten und gefühlsmäßige Verwicklungen. Wer diesen Zustand erreicht hat, ist zu keiner schädlichen Verfassung des Geistes mehr fähig. Die Dinge ziehen ihn nicht mehr an oder verführen ihn.«

Ich merke, wie es mir zunehmend schwer fällt zu folgen. Doch es geht weiter:

»Die Aussage ›Nichts ist wert, dass wir uns daran hängen, es zu bekommen oder zu sein‹ ist im übertragenen Sinn zu verstehen. Es wird nicht nahe gelegt, dass der Mensch zu leben hat, ohne etwas zu haben oder zu sein, denn normalerweise gibt es bestimmte Dinge, ohne die man nicht sein kann. Man hat Besitz, Kinder, Partner, einen Beruf, man hat einen Status. Man kann nicht leben, ohne etwas zu sein. Warum wird dann also gelehrt, wir sollen die Dinge als nicht wert betrachten, dass wir sie bekommen oder etwas sein wollen? Die Antwort lautet: Das Konzept von ›bekommen‹ und ›sein‹ ist relativ, es handelt sich um weltliche Ideen, die aus Ignoranz entstehen. Gesehen im Sinne von absoluter Wahrheit können wir überhaupt nichts haben oder sein.«

Dann bringt Tan Sujiwo, der sich abmüht, uns dieses schwierige Thema näherzubringen, noch das Beispiel einer Welle: »Stellt euch eine Welle im Meer vor. Einerseits scheint sie eine klare Identität zu haben. Sie kommt aus dem Wasser, steigt auf eine gewisse Höhe, rollt aus und verläuft sich. Dennoch ist sie einfach das Verhalten von Wasser, getrieben von Gezeiten, Wind und Strömungen, voll von Wasser – aber leer von eigener Identität.«

Spätestens an diesem Punkt erlebe ich in mir eine geistige Vollbremsung! Jetzt kann ich dem Gesagten nicht mehr folgen, empfinde es als theoretisches Geschwurbel ähnlich dem ›Ich bin der Weg und die Wahrheit und das Leben‹. Wer hat hier die Wahrheit? Noch dazu eine absolute Wahrheit? Ist nicht jede

Wahrheit außerhalb der Mathematik, von chemischen und physikalischen Naturgesetzen, eine relative? Schon im heimischen Religionsunterricht sträubten sich bei mir bei ähnlichen Aussagen regelmäßig die Haare! Bin ich hierhergekommen, um alte Thesen durch neue zu ersetzen? Ganz bestimmt nicht! Ich will auch keine Leerheit – Vollheit ist mir lieber! Ein Glas, das halb voll ist, fand ich schon immer reizvoller als eines, das halb leer ist. Ich möchte sie schon haben, meine Begierden, meine Schwächen und die Freuden, die daraus resultieren. Und meine Identitäten, meine Identifikationen genauso wie mein Ich! Das ganz normale Leben will ich, mit all seinen Höhen und Tiefen, mit seinen Siegen und Niederlagen, vom Hinfallen will ich das Wiederaufstehen lernen, so wie bisher – vielleicht nur etwas besser und schneller, wenn es denn geht.

Und eine Welle ist eine Welle, ist eine Welle! Ja, in Abhängigkeit von Gezeiten, Wind und so weiter. Aber sie ist und bleibt eine Welle und für mein Verständnis auch mit – wenn auch zeitlich begrenzter – eigener Identität in all ihrer Schönheit, ihrer Kraft, ihrer Wucht, ihren Auswirkungen. Alles andere empfinde ich als akademisch sinnlose Wortklauberei, als Diskussion um der Diskussion willen. Auch wenn dies eine der Kernthesen des Buddhismus sein mag: mir persönlich zu theoretisch!

Von den Thesen zurück zur Praxis

In den folgenden Dhamma Talks kommt in der Folge zu diesem Nicht-Selbst noch einiges zum Ego, zur Identifizierung der eigenen Persönlichkeit, an dem ich innerlich wieder zu kauen habe. So führt Tan Sujiwo aus, dass die Wurzel aller störenden Gefühlsregungen in der Wahrnehmung unserer Person, unser Ich, nicht als autonome Einheit für sich existieren könne, sei es in unserem Körper oder in unserem Denken. Und falls es dieses Selbst wirklich gäbe, wo es denn dann sei? Im Hirn? Im Herzen? In so etwas wie einer Seele – die es im Buddhismus aber gar nicht gibt? Oder irgendwo sonst in diesem Körper?

Bitte lass mir mein Ego und auch meine Begierden

Mal ehrlich, denke ich an diesem Punkt: Mir alles ziemlich egal! Will ich das, was der da so sagt? Ich weiß nur – schließlich bin ich im Westen geboren und aufgewachsen –, dass jeder Mensch sein eigenes Ich, seine eigene Persönlichkeit und damit sein eigenes Ego hat. Eines – im Falle meines eigenen –, mit dem gar nicht so unglücklich bin. An dem ich viele Jahre gearbeitet habe, was man in unseren Breitengraden Persönlichkeitsentwicklung nennt, ebenso wie an meinem Körper, den ich versuche, so gut wie möglich zu pflegen und instand zu halten, und an meinem Geist, für dessen Wohl ich ausgerechnet hierher in dieses buddhistische Zentrum gekommen bin! Einen einigermaßen anständigen Beruf habe ich auch erlernt, mir einen gewissen Status erarbeitet, aus Fehlern habe ich zumindest ein paar Kleinigkeiten lernen können, meine Siege gefeiert und mich von meinen Niederlagen meistens wieder erholt. Ich bin die Gesamtheit meiner Gene und meines bisherigen Lebens, das Resultat all dessen, was von außen und von innen auf mich gewirkt hat. Und dieses Gesamtwerk soll ein Nicht-Selbst sein, ohne Ego, ohne Ich? Ein Etwas, das vielleicht auch noch anrüchig oder nicht wünschenswert sein soll? Nein, meine lieben Freunde, da kann ich dann doch nicht so ohne Weiteres mitgehen. Da fehlt noch einiges an Erklärungen! Und Begierden habe ich auch noch – und hoffe, sie immer zu haben. Ich arbeite bereits aktiv an meinen nächsten, indem ich namentlich in diesen Tagen überlege, wohin ich als Nächstes reisen werde, welche Freuden und neue Entdeckungen ich mir gönnen könnte. Meine Begierden haben mir Ziele gesetzt und mich bisher ganz gut angetrieben, mir den Sinn und den Inhalt für mein Leben gegeben, mich dazu gebracht, zu arbeiten und zu lernen, haben mich eine Frau finden lassen und mir schließlich eine Tochter geschenkt. Bitte, liebe Buddhisten, lasst mir mein Ego, mein Selbst, mein Ich, wie ihr es auch nennen wollt, und lasst mir auch bitte meine Begierden! Denn ohne Höhen und Tiefen gibt es keine Berge und Täler, keine Wellen, keinen Wind, auch keine Ruhe nach dem Sturm. Nur Flachheit, Ebenen, endlose Langeweile und Grabesstille.

Descartes fällt mir ein: »Ich denke, also bin ich.« Ich denke gerne und bin auch gerne der, der ich bin!

Adolf anders als Kevin, Prinz Windsor anders als Jones

Zur Beruhigung meines inneren Aufruhrs lassen einige Erläuterungen zum Ego und wie sehr ein falsches Image oder Alter Ego einen Menschen lächerlich machen können, nicht allzu lange auf sich warten. Denn darin kann ich dem Meister wieder gut folgen. Sujiwo relativiert, erklärt und führt schließlich aus, wie wir nackt und unbeleckt geboren wurden, dann ziemlich schnell zu unserer Identifizierung mit einem Namen versehen werden, an dem wir folglich unser ganzes Leben lang zu tragen haben – dem Beginn unseres Egos –, und, füge ich im Geiste hinzu, unserer Persönlichkeit. Schon die Wahl unseres Vornamens macht einen Unterschied und hebt das geborene Neutrum auf. Denn schließlich steht der Name Adolf für etwas anderes als Kevin. Oder Maria für etwas anderes als Eva oder Chiara. Und dann noch der Nachname. Prinz von Windsor hebt dich automatisch in eine andere Ebene als Jones oder Schmidt. Als Nächstes führt der Meister aus, wie die Eltern und das Land, in das wir hineingeboren wurden, unser Ego prägen, dann die Schule, die wir besuchen, die Lehrer und Freunde, unser genetisch bedingtes Aussehen, der Beruf, die Karriere, der Erfolg oder Misserfolg.

»Das Ego«, führt er aus, »bist selten du selbst, sondern ein Modell, ein Image, nach dem du lebst und dich danach von der Gesellschaft und deinen eigenen Vorstellungen konditionieren lässt. Das heißt im Klartext, das Ego ist nichts mit einer wirklich existierenden autonomen Substanz, sondern so etwas wie ein Image, das einem aufoktroyiert wird oder das man sich selbst zusammenbaut. Nur wenn du das erkennen kannst und dieses fremde Ego aufgibst, kannst du dein wahres Selbst leben, deine eigene Echtheit. Dein wahres Leben liegt nicht im Nachleben von irgendwelchen Rollen, die man dir vorgegeben hat, sondern nur in dem, was in dir selbst ist und aus dir heraus kommt.«

Höre ich da einen Widerspruch heraus? Erst soll es kein Selbst geben und dann redet er von einem Ego ohne greifbare Substanz und zugleich von einem eigenen, wahren Selbst. Ist das vielleicht eine Mischung aus westlicher und buddhistischer Psychologie? Egal! Ich beschließe, das Thema nicht weiter zu vertiefen und infrage zu stellen – entsprechen die letzten Ausführungen doch so ziemlich meiner persönlichen Sichtweise. Ego hin oder her und wie immer man es nennen mag. Eine Theoriediskussion um des Kaisers neue Kleider liegt mir fern!

Der Lamborghini und die Befreiung vom Egozentrismus

Was er da so sagt, macht das Ganze wieder praktisch und damit auch für mich akzeptabel, weil brauchbar! Quasi Buddhismus in praktischer Anwendung. Amüsant und einleuchtend wird es, als er einige Beispiele anführt, wohin ein überzogenes Ego führen kann – und innerlich widerspreche ich diesmal in keinster Weise!

Wahrscheinlich, weil Sujiwo selbst ein Mann ist, bringt er gleich zu Anfang ein banales, aber durchaus anschauliches Exempel, wie man sich finanziell krummlegen und zugleich lächerlich machen kann:

»Es gibt gar nicht so wenige Männer auf dieser Welt, die ihre Karriere bis zur Selbstaufopferung verfolgen, keinen Raum mehr für sich selbst oder gar eine Familie haben, eine Menge Geld verdienen, das auszugeben sie kaum noch Zeit haben, und sich schließlich, ihrem Selbstbild entsprechend, einen flotten Lamborghini oder eine Harley kaufen. Damit stehen sie dann an der Ampel, machen einen Heidenkrach, schauen sich genau um, ob und wie sie gesehen werden, versuchen möglichst lässig dreinzuschauen, merken aber gar nicht, dass sie mit ihrem Spielzeug nicht mehr ganz zeitgemäß dastehen, weil das Ding erstens zu laut ist, zweitens zu viel Dreck rausbläst und sie drittens von den Frauen, die sie damit möglicherweise beeindrucken wollen, als blödsinniger Angeber angesehen werden. Dickes Männergehabe, aber letztlich durchsichtig und zugleich lächerlich! Zumindest bei mitdenkenden Menschen«, fügt er hinzu.

Bei einem Blick in die Runde glaube ich zustimmendes Nicken zu erkennen – und ich selbst frage mich nebenbei, welche fremden Rollen ich schon versucht habe zu spielen, ohne mir selbst dabei einen Gefallen getan zu haben. Wie ein schlechter Schauspieler, der ganz in eine Rolle schlüpft, aber nicht mehr merkt, wann das Spiel zu Ende ist. Sicher ist das auch bei mir immer wieder mal passiert, erkenne ich selbstkritisch. Vielleicht, weil kein eigenes Verhaltensmodell da war oder weil ich mich unsicher fühlte und es einfacher war, sich einem bestimmten Rollenmodell hinzugeben. »Du musst der Boss sein« – auch wenn du das gar nicht willst. »Du musst sagen, wo's langgeht« – auch wenn du es genauso wenig weißt wie die anderen. Aber es wird verlangt. Und du spielst mit. Ohne du selbst zu sein, ohne einzugestehen, »Ich weiß es auch nicht«, oder zuzugeben, »Ich kann es nicht«, vielleicht sogar »Ich will es nicht«.

Wahrscheinlich, um auch den anwesenden Frauen einen anschaulichen Fall aus ihrer Welt verabreichen zu können, kriegen im folgenden Beispiel auch diese ihr Fett ab: »Nimm an, dein Idol ist Claudia Schiffer oder Brigitte Bardot. Du willst so aussehen wie sie, dabei entspricht deine Figur keiner von den beiden. Denn du bist kleiner und runder, deine Haare sind von Haus aus dunkel. Also gehst du zum Friseur, färbst die Haare blond, lässt dir die Lippen aufspritzen und machst eine Fastenkur nach der anderen – bis du glaubst, deinem Vorbild ähnlich zu sehen. Dann studierst du sogar noch ihre Bewegungen und ihr Gehabe ein, bis du irgendwann merkst, du kommst trotzdem nicht zu ihrem Ruhm, ihrem Geld, und wenn du Glück hast, fällt dir vielleicht irgendwann von selbst auf, dass du alles, nur nicht mehr du selbst bist, sondern nur noch eine Hülse deiner selbst. Du lebst in einer Illusion, aber nicht in deinem eigenen Leben. Ob du so zufrieden mit dir selbst werden wirst? Wahrscheinlich nicht!«

Worauf er noch einen allgemeingültigen Rat anfügt: »Das Ego ist nichts anderes als ein Kunstobjekt, das von der Gesellschaft gerne genutzt wird, um dich hinter fiktiven oder genormten Schablonen hinterherlaufen zu lassen. Doch dich vom Egozentrismus zu befreien, gibt dir weitaus größere Handlungsspielräume!«

Das kann ich nun gut so stehen lassen!

Eintrag in meinem Tagebuch

*Was sie Sunnata nennen und was Leere bedeutetet oder
die Abwesenheit jeglicher Art von Selbst, überfordert mein
Vorstellungsvermögen. Dass es sich dabei um ein Leersein
von jeglicher Existenz handeln soll, die wir als das Unsere
oder Meinige betrachten können – damit kann ich wenig
anfangen. Für mich zu abstrakt! Bin nicht ich selbst die
Gesamtheit all dessen, für das ich gelebt und gearbeitet
habe? Und das soll leer und womöglich gar nicht existent
sein? Und würde uns ein Verzicht auf das Unsrige oder
Meinige nicht schnurstracks wieder in einen Sozialismus
oder Kommunismus führen, der in rund siebzig Ländern,
die versucht haben, ihn in irgendeiner Form zu praktizieren,
brachial gescheitert ist! Vielleicht verstehe ich da etwas
nicht – aber ich muss auch nicht alles kaufen, was mir
angeboten wird! In allen Religionen findet sich vieles, das
zwar in den Schriften steht, man aber nicht annehmen
muss. Wörtlich schon gar nicht!*

Die Erklärungen zur *Leere*, zum *Nicht-Selbst*, haben mir keine
Ruhe gelassen, ich suchte nach einer besseren, für mich klareren
Auslegung – einer, mit der ich etwas anfangen konnte –, gehört
dieser Begriff doch, laut verschiedenster Lehrbücher, zum Kern-
satz des Buddhismus. Oder hatte ich in dem Vortrag von Tan
Sujiwo etwas nicht verstanden?

Es dauerte lange! Ich forschte unter anderem in Büchern vom
Dalai Lama, von Buddhadasa, von Ajahn Chah, von Thich
Nhat Hanh – schließlich lag bei einer anderen Reise in ei-
nem Hotel in Thailand, neben meinem Bett, „Without and
Within" von Ajahn Jayasaro, „Questions and Answers on the
Teaching of Theravada Buddhism", das die Erleuchtung brachte:

*„The teaching of non-self point to the fact that things exist as
processes rather than discrete objects. A candle flame*

provides the traditional analogy for illustrating the relationship between not-self and rebirth. What we call a candle flame is not a thing itself, but the time-bound relationship between candle-wick and oxygen. If a new candle is lit from an old one it is only conventionally true to say a thing called a flame has migrated from one candle to another; in fact a process has been maintained with the supply of a new material base. Similarly, there is not a thing called a self that is reborn at the death of the body, but a process that manifests in a new and fitting form."

Ich spare mir die Übersetzung und versuche es in meinen eigenen Worten zu erklären: *Nicht-Selbst* ist das, was aus dem entsteht, was ist, was vorhanden ist oder war. Also in steter Abhängigkeit von etwas anderem. Dieses einfache Beispiel einer brennenden Kerze half mir nochmal weiter, das dieses *Nicht-Selbst* und die inhärente Abhängigkeit von Allem und zu einander verdeutlichte:
Die Kerze besteht aus einem Docht und Wachs. Damit sie zur „brennenden Kerze" wird, braucht sie Feuer von einem Streichholz – das wiederum besteht aus Holz und Zündstoff, die wiederum bestehen aus ... und dazu das Molekül Sauerstoff, das besteht aus ...

Daraus folgt: Nichts hat ein unabhängiges Selbst, alles existiert in Abhängigkeiten von etwas anderem oder von dem was vorher war, von Prozessen, die miteinander in Verbindung stehen. Daher der Begriff „*Nicht-Selbst*".

Ist es wirklich so einfach – ich wäre erleichtert, denn viele buddhistische Bücher verlieren sich bei diesem Begriff in akademischem Geschwurbel.
Damit rückte für mich noch ein weiterer Kernsatz in den Blickpunkt, der des „Bedingten Entstehens". Buddhadasa schreibt dazu: *„Alles entsteht aufgrund von Ursachen und Bedingungen. Nichts existiert aus sich selbst".* Passt haarscharf zu Nicht-Selbst.

Analog, in etwas anderem Zusammenhang „Karma", das weiter vorne betrachtet wurde.

Der achte Tag

Der achte Tag beginnt wie alle anderen, nämlich mitten in der Nacht. Doch vor der Gehmeditation im Laufe des Vormittags bemerkt Dhammavit, neben einigen inzwischen nicht mehr ganz neuen Ausführungen zur Meditation, dass man üblicherweise einen großen Teil seiner Zeit mit Warten verbringen müsse und dass man die geläufigen Methoden der Meditation – Konzentration auf den Atem, das Ein-Aus, das Beobachten des Geistes – sehr gut auch im Stehen anwenden könne.

Meditation im Stehen und im Liegen, Engel meditiert im Fliegen

Dann lässt er uns gefühlte zwanzig Minuten stehen und die Theorie in der Praxis anwenden. Einatmen, ausatmen, dabei konzentrieren und beobachten. Es funktioniert! Ich kann nicht sagen, ob die Zeit des simulierten Wartens dabei schneller verging oder sich gar länger hinzog, was sich aber tatsächlich einstellte, war doch eine gewisse Ablenkung vom Gefühl vergeudeter Zeit, verbunden mit Entspannung anstelle von Verdruss. Ich nehme mir vor, die Methode für künftige Wartezeiten und Warteschleifen zu überprüfen.

Am späteren Nachmittag wendet er dieselbe Methodik zur sogenannten Liegemeditation an, die prompt zur Einschlafmeditation mutiert. Dabei empfiehlt er, die Hand oder auch beide Hände auf den Bauch zu legen und dort das Ein-Aus des Atems zu spüren. Auch das funktioniert! Nachweisbar, durch hörbares Schnarchen nicht weniger Teilnehmer innerhalb von fünf Minuten. Auch diese Art der Anwendung wird für mich zum festen Repertoire meiner Praxis, insbesondere in unbekannten Hotelzimmern und namentlich bei geistigen Aufregern, die mich vor dem Einschlafen nicht loslassen wollen, oder bei unangenehmen Geräuschkulissen. Einschlafmeditation anstelle von Beruhigungs- oder gar Schlaftabletten!

Irgendwann schleicht sich dann ein kleines Schmunzelgedicht in meinen Sinn:

»Ich meditierte schon im Sitzen,
im Gehen und im Liegen;
und wenn ich mal ein Englein bin,
meditier ich auch im Fliegen.«

So sei es! Vielleicht.

Loslassen oder Letting go

Dieses Thema zieht sich in mehreren Abschnitten durch den achten Tag. In einer kleinen Denkpause fällt mir der Unterschied zwischen der deutschsprachigen Version und der englischen Übersetzung auf. *Letting go* impliziert wortwörtlich, du lässt etwas oder jemanden gehen; er oder es ist das aktive, ausführende Organ, das geht, du selbst hast dafür nur die Hand oder den Geist geöffnet. Loslassen ist anders. Du lässt etwas los, öffnest so etwas wie eine Fessel, das Irgendwas ist somit frei und kann gehen. Und dann steckt auch noch das mehrdeutige Wort »Los« drin, das bedeuten kann »Es geht los« – möglicherweise zu etwas Neues – oder auch »das Los« im Sinne von »Es ist dein Los«, auf das du gerne verzichten würdest oder das du annimmst. Vielleicht nur ein Wortspiel oder eine Wortklauberei, denn letztlich meint beides das Gleiche, auch wenn es nicht ganz dasselbe ist. Ich habe in meinem bisherigen Leben allerdings gelernt, dass dieses Loslassen eine der schwierigsten Übungen ist! Auch wenn ich anerkenne, dass das Leben im Hier und Jetzt durchaus seine befreienden Seiten mit sich bringt, so ist der Akt des Festhaltens, des Klammerns doch immer wieder das weitaus stärkere Element, das allzu oft dem Weitergehen entgegensteht. So ist mein Geist auch sehr aufgeschlossen, als die Herren Sujiwo und Santikorn im Wechsel-spiel etwas System ins Dunkle bringen, indem sie die wesentlichs-ten Facetten dieses Komplexes im Laufe dieses Tages nacheinan-der in kleinen Paketen aufdröseln. Ich frage mich kurz: Gehört das Thema nun zur buddhistischen Lehre oder in die angewandte Psychologie? Doch dann fällt mir die Aussage vom Beginn dieses Retreats ein, dass Buddhismus keine Religion im herkömmlichen Sinn ist, sondern eine Ansammlung von Lebensweisheiten, die sich mit dem Geist und mit der Psyche befassen. Auch wenn die-se manchmal trivial erscheinen mögen. Doch wie man weiß, ver-birgt sich wahre Weisheit gerne im Einfachen!

Meister Santikorn, der nach eigenem Bekunden vor dem Eintritt ins Kloster ein recht buntes Leben führte und keinesfalls aus-schließt, dass es durchaus auch wieder eines danach geben kann, eröffnet den Reigen, indem er zunächst über die verschiedenen Erwartungshaltungen redet, die wir selbst oder andere Personen an uns stellen. Die Eltern, die Schule, Freunde, Lebenspartner, die Kinder, Arbeitgeber oder Geschäftspartner, Konventionen, Reli-gionen, Regeln. Die Liste ist schier endlos. Wer kennt ihn nicht, diesen Erwartungsdruck, wer kennt nicht die Enttäuschung bei Nichterfüllung, weil man schlichtweg etwas nicht kann oder nicht will, oder einfach, weil dich das Leben in eine andere Rich-tung zieht. Und wie schwer es auf der einen Seite ist, sich selbst davon zu befreien, loszulassen, um eigene Wege gehen zu können – oder andererseits die Enttäuschung einer bestimmten Person auszuhalten, weil man deren Erwartungen nicht entsprochen hat.

Loslassen von Erwartungen

»Erwartungen«, versucht Santikorn zu erklären, »sind das Pro-dukt einer Imagination, einer bestimmten Vorstellung davon, wie das Resultat von einer bestimmten Sache oder Handlung sein soll, oder wie eine Person aussehen oder sich verhalten sollte. Das kann das nächste Wochenende sein, der Urlaub, das Ergebnis ei-ner Arbeit, sehr gerne auch, wie man selbst oder eine andere Per-son aussehen oder sein sollte, wie man selbst oder andere sich in einer bestimmten Situation zu verhalten hätten. Und wenn dies oder das dann nicht zutrifft oder diesem Muster nicht entspricht, dann folgt – wer kennt es nicht? – Enttäuschung und als Gegenreaktion so etwas wie Abwehr, Ablehnung oder Verneinung.«

Ich konstatiere gedanklich ganz schnell, kurz und bündig: Entsprechen eine Person, ein Ereignis oder ein Resultat nicht dem vorher gesetzten Denkmuster, ist die Reaktion Desillusion, man kann es auch Ernüchterung nennen oder im besonderen Fall als Frustration bezeichnen. In jedem Fall setzt es eine bestimmte und persönlich geformte Erwartungshaltung voraus. Daher: „Das Leben ist Leiden"...

»Wie können wir dieses Schema durchbrechen oder gar vermeiden?«, fragt der Meister mit einem langen Blick in die Runde und betont nach einer gewissen Pause: »Was können wir selbst dagegen tun? Wie können wir Leiden vermeiden?«

Mir fällt sofort ein, »die Erwartungshaltung niedriger ansetzen« oder ganz einfach, »generell offener zu sein«. Und zu meiner Überraschung wählt Santikorn genau diese Worte, rundet sie aber noch ab mit der Empfehlung, dass man seine Ziele und Erwartungen stets überprüfen möge, inwieweit sie realistisch, erreichbar und überhaupt sinnvoll seien. »Dies betrifft insbesondere das Arbeitsumfeld, Mitmenschen und nicht zuletzt – sich selbst!«, rät er und empfiehlt insbesondere in Bezug auf den letzten Punkt: »Sei stets gütig mit dir selbst und mit anderen!«

Und zur Verstärkung des Gesagten fügt er noch hinzu: »Übe dich generell und zu allem, was dir widerfährt, in Flexibilität. Sei offen für das, was das Leben bringt – auch wenn es ganz anders ist als das, was du dir vorgestellt hast. Die große Kunst ist, das Unerwartete, das Undenkbare zu erkennen, denn oft verbergen sich gerade darin die einmaligen Chancen, die das Dasein drastisch verändern und ins Positive steuern können. Das kann eine Person sein, die dir irgendwann begegnet, eine Diskussion, die neue Erkenntnisse bringt, oder auch das Resultat einer Arbeit, das ein völlig anderes ist als das, was wir uns zum Ziel gesetzt hatten. Flexibilität setzt loslassen voraus. Hinter Nicht-loslassen-Können steckt immer eine Begierde«, ergänzt er, »und die gilt es zu erkennen, zu ergründen und dann zu bewerten, ob es sich lohnt, ihr anzuhaften.«

Dann stellt er noch eine Frage, die mir bekannt vorkommt: »Warum meint ihr, dass der Kopf rund und ähnlich geformt ist wie eine Kugel?« – um sich nach einer kurzen Pause und mit einem Grinsen die Antwort selbst zu geben: »Der Kopf ist rund, damit man in alle Richtungen denken kann.«

In der nachfolgenden Meditationsübung bleibt es nicht aus, dass die Konzentration auf den Atem durch eine Reflexion über Situationen ersetzt wird, wo mich Erwartungshaltungen von anderen Menschen in meine Person, und umgekehrt, wo mich Individuen enttäuscht hatten, weil sie meine Vorstellungen oder Wünsche nicht erfüllen konnten oder wollten, wo ich gesteckte Ziele nicht erreichte, weil sie zu hoch angesetzt waren oder ich dazu aus verschiedensten Gründen nicht in der Lage oder willens war, diesen gerecht zu werden. Was abläuft, ist eine Kurzreflexion meines ganzen Lebens, unter Einbeziehung meiner Eltern, meiner bisherigen Partner, von Freunden und Kollegen, meines Arbeitsumfelds und sogar des Ortes, an dem ich mich in diesem Augenblick befinde, und mit einem Blick über den Tellerrand hinaus, dessen, was ich von meiner Zukunft erwarte und wie ich sie gestalten will. Das Resultat dieser Überlegungen ist, dass ich da noch etwas genauer reinschauen will, dass ich mir nach diesem Retreat genügend Zeit geben werde, um einiges davon präziser zu untersuchen. Ganz sicher werde ich eine ganze Menge auf den geistigen Prüfstand stellen, bevor ich weitergehe!

Loslassen von bestimmten Personen

Es ist wieder Santikorn, der Dhammavit, den Leiter der Meditationssession ablöst, um das breitgefächerte Thema des Loslassens aufzugreifen und weiter zu vertiefen. Ich frage mich insgeheim, ob er selbst und alle diese Mönche hier das, was sie so empfehlen und rüberbringen wollen, auch wirklich bei sich selbst anwenden können, ob sie gar diesen Punkt, den sie »Erleuchtung« nennen, erreicht haben. Ich fürchte – und hoffe insgeheim –, dass sie wahrscheinlich viel wissen, aber genauso stolpernd an der Umsetzung arbeiten und dabei immer wieder ihre Rückschläge erleben wie all die Sucher, die hier vor ihnen sitzen. Schließlich sind es auch nur Menschen und genauso wenig perfekt wie die, die zu ihnen kommen. Behaftet mit denselben Makeln und blinden Flecken, die den Meister vom Schüler allzu oft nur in gewissen Aspekten unterscheiden.

Nachdem Santikorn die gewohnte Sitzhaltung eingenommen hat und mit dem Schlag auf den Gong die nächste Lecture beginnt, räuspert er sich vernehmlich, um dann loszulegen.

»Wenn wir in der letzten Sitzung über das geredet haben, was Erwartungen betrifft, so müssen wir uns jetzt anschauen, wie es ist, wenn wir uns von bestimmten Menschen verabschieden wollen, sollen oder müssen, Personen, die uns wichtig sind, die wir lieben – und wie man dies vollzieht, damit am besten umgeht und wie man schließlich zu einem Ersatz oder Neuanfang gelangen kann. Das kann eine Beziehung sein, die nicht mehr zu retten ist, das können Kinder sein, die ihr eigenes Leben leben wollen, das können Freunde oder Kollegen sein. Das kann durch verschiedenartige und persönliche Entwicklungen geschehen, über örtliche Veränderungen oder durch den Tod, der diesen Vorgang unwiderruflich einläutet. Menschen kommen und gehen, sie nehmen einen bestimmten Platz und diesen in aller Regel auch nur für eine gewisse Zeit im Leben ein«, rundet er diese Einleitung ab, »und oft fällt es uns schwer, diese oder jene Person ziehen zu lassen – oder gar selbst die Initiative zu ergreifen und die Loslösung einzuleiten.«

O ja, denke ich, weil mir spontan dazu weit mehr als ein Beispiel aus meinem Leben einfällt. Da waren in der Tat gescheiterte Mann-Frau-Beziehungen mit tiefen Enttäuschungen und Verletzungen, da waren Schul- und Studienfreunde, mit denen man Ängste geteilt, Hoffnungen ausgesessen, auch Siege gefeiert hat, es gab geschätzte Kollegen, die weiter zogen, und es gab sogar brutale Entzüge wie den meiner Eltern, die ihr natürliches Ende durch den Tod erfuhren.

»Wie gehen wir damit um«, fragt der Meister in die Runde, »welche Stufen müssen wir dabei erklimmen, welche Prozesse müssen wir durchleben?« Gespannte Aufmerksamkeit ist die Antwort, jede und jeder der Anwesenden hat sicherlich seine/ ihre eigenen Erfahrungen und Geschichten, für niemand ist das Thema abstrakt oder gar neu.

Nach einer angemessenen Pause fährt er fort: »Zuerst müsst ihr zum soeben Gesagten realisieren, dass alles im Leben seinen Raum und seine Zeit hat und in jedem Fall einen Anfang und ein Ende. Damit ist Loslassen als solches ein fester Bestandteil jeglicher Existenz. Eine Pflanze wird gesät, setzt einen Trieb, wächst bis zu einem gewissen Grad, verwelkt oder wird abgemäht. Aus. Und auch ein persönlich wichtiger Mensch, genau wie ein geliebtes Tier, unterliegt den Veränderungen, die das Leben so mit sich bringt. Je lieber und wichtiger ein Wesen für uns ist, umso höher der damit verbundene Verlust.«

Mein Geist vermeldet Zustimmung. Und schon geht es weiter: »Das Schlechteste, was ihr dabei tun könnt, ist der Versuch, den Verlust an sich und eure Gefühle, die dabei entstehen, zu ignorieren, diese wegzupacken, sie zu verdrängen. Davonlaufen oder auch zu schnell für Ersatz zu sorgen, wird nicht lange funktionieren. Auch das Grübeln, das Fantasieren im Sinne von ›Wenn dieses oder jenes anders gelaufen wäre, wäre es anders gekommen‹, bringt auf Dauer nicht weiter, sondern nur die Akzeptanz dessen was ist, nämlich: ›Es ist, wie es ist.‹ Dabei sind Schmerz, Traurigkeit und Trauer ziemlich unvermeidbare Begleiter bei diesem Prozess – der leider manchmal deutlich länger dauern kann, als man will, vor allem weil die Erinnerung etwas ist, das man nicht beliebig ausblenden kann. Denn zuverlässig meldet sie sich über Träume und überdies in manchen Momenten des Bewusstseins, in denen man überhaupt nicht damit gerechnet hat. Dann beginnt das Spiel in gewisser Weise wieder von vorne – wenn vielleicht auch nicht mehr ganz so lange. Irgendwann kennt man den Verlauf – und er wird mit der Zeit kürzer. Der Verlust einer Beziehung ist ein Verlust und lässt sich nicht verleugnen. Man kann, wie bei einer körperlichen Wunde, vorübergehend ein Pflaster oder einen Verband darüberlegen, aber darunter braucht die Heilung ihre Zeit und kann an der Oberfläche ihre Narben hinterlassen.« Mit einem lapidaren »*That's the way it is, there is no escape from it*« verleiht er der Aussage eine gewisse Unumstößlichkeit, um dann noch einen praktischen Rat hinzuzufügen:

»Was immer den Prozess des Loslassens ausgelöst hat – eine innere Wunde braucht Heilung, und ein Weg dazu ist der, der schon in der Bibel empfohlen wird und auch Teil des Buddhismus ist, nämlich dass man sich in Vergebung und Verständnis übt und sich nicht Wutanfällen oder Rachegefühlen hingibt. Letztere sind zwar durchaus menschlich, führen aber letztlich nicht zu dem klaren Kopf, den man zum Weitergehen oder für einen Neuanfang braucht. Praktiziert auch Dankbarkeit für das, was war, für das Gute und das Schöne, aber akzeptiert auch, dass es meistens kein Zurück gibt und selten wieder so werden könnte, wie es einmal war. Sucht euch dabei durchaus Hilfe von außen, bei Freunden oder Therapeuten, die für die Verarbeitung wichtig sind. Krücken sind zeitweise notwendig und immer erlaubt. Aber irgendwann müsst ihr loslassen und nach vorne weitergehen!«

Eine durchwegs brauchbare Zusammenfassung des Themas, finde ich nach dieser Session, die durch eine Gehmeditation abgelöst wird und in der meine eigenen Erfahrungen immer wieder hochpoppen. Verschiedene Personen, die eine Bedeutung in meinem Leben hatten, geben sich in der Erinnerung die Tür in die Hand und fordern eine Reflexion, wie ich mit ihrem Verlust umgegangen bin, inwieweit mir das Loslassen gelungen ist. Ich werde das Gefühl nicht los, ich muss noch fleißig üben und einiges nacharbeiten!

Doch der Punkt mit dem Loslassen ist noch nicht erschöpft, erfahre ich in der nächsten Stunde, die diesmal Tan Sujiwo einläutet.

Loslassen von Macht und Kontrolle

»*Power and control*«, so legt er ohne lange Umschweife los, »liegen dicht beieinander. Es ist ziemlich normal, dass man sein Leben plant und den Verlauf kontrolliert, damit man keine unangenehmen Überraschungen erlebt, denn wir sind gerne Herr über unser eigenes Schicksal. Doch leider, wie wir alle wissen, sind viele Ereignisse und Zwischenfälle nicht vorhersehbar und somit ist man immer wieder gefordert, flexibel zu reagieren. Viele Menschen versetzt genau dieses Unvorhersehbare in Angst und Panik, sie neigen daher zu einer Krankheit, die im Volksmund ‚Kontrollitis‘ genannt wird, der Zwang, das eigene Leben – gerne auch das von anderen Personen – den eigenen Vorstellungen und Erwartungen unterzuordnen. Unvorhersehbarkeiten und Überraschungen unerwünscht, denn dies bedeutet auch Loslassen von eigenen Konzepten.

Andere Personen dabei aufgrund der eigenen Position, mittels verführerischer Rhetorik, durch Versprechungen und Dogmen kontrollieren zu können, geht immer mit einer Fülle von Macht einher. Doch Macht an sich ist etwas, das einige Menschen überhaupt nicht wollen und sogar bewusst vermeiden – weil sie zeitgleich Verantwortung mit sich bringt. Anderen Personen gibt Macht dagegen ein Gefühl von Stärke, manchmal sogar von Allmacht, das wie eine Droge wirken und damit äußerst verführerisch sein kann. Das Musterbeispiel diesbezüglich kann ein Staatschef sein, der abgewählt wird, oder ein Unternehmensführer, den man feuert – oder ganz praktisch, aus dem alltäglichen Leben gegriffen, eine Person in einer mittleren Position, die in Rente geht oder gehen muss und dabei von einem auf den anderen Tag sämtliche Titel und Funktionen verliert. Mir fallen dabei auch Eltern ein, deren Kinder in die Pubertät eintreten, und jeder von euch hier, der dies schon erlebt hat, kann nachempfinden, wie Macht und Kontrolle über die Jugendlichen dabei Schritt für Schritt entschwinden und jeglicher Widerstand dabei zu einer ziemlich verlorenen Schlacht wird«, wobei er sich ein deutliches Lächeln nicht verkneifen kann.

Aufgrund seiner Mönchskutte und vor allem wegen seines Alters bezweifle ich, dass er das zuletzt genannte Beispiel als

Elternteil selbst erlebt haben kann, aber vielleicht, so denke ich, hat er schwer dafür gekämpft, seinen eigenen Weg gegen die Vorstellungen seiner Alten durchzusetzen – weshalb er dann durchaus doch von seinem eigenen Erfahrungsschatz erzählen könnte. Und dass er persönlich schon lieb gewordene Positionen mit einem gewissen Status und auch Macht abgegeben haben mag, kann ich mir sehr wohl vorstellen, denn in einigen früheren Sessions hat er beiläufig erwähnt, dass er in verschiedenen buddhistischen Gremien aktiv ist, und dies sogar länderübergreifend. Dass dies eine persönliche Bedeutung und somit auch Einfluss mit sich bringt, dürfte nicht ausgeblieben sein.

Wie man eine erreichte Position und Stellung sehr zu schätzen lernt, habe ich selbst erlebt und sie hat mich auch zu einem immer schnelleren Tempo angetrieben – bis an einem gewissen Punkt der Crash kam, der schließlich zu der Pause führte, in der ich mich derzeit befinde und warum ich mich hier, an diesem Ort aufhalte und aufgrund von zu praktizierender Gewaltlosigkeit nicht einmal mit aller mir zur Verfügung stehenden Macht auf einen Moskito einschlagen soll, der nichts Geringeres als mein Blut will. Von Kontrolle keine Rede, selbst das Insektenspray versagt hier regelmäßig! Eine Kontrolle, auf die ich gerne verzichten könnte, doch mir fallen noch ganz andere Beispiele zu diesem Komplex ein, wie die häufig verzweifelten Versuche, mich selbst zu kontrollieren – zu beherrschen – oder meine Lebenspartnerin, meine Tochter, manchmal auch Freunde oder Mitarbeiter nach meinen Vorstellungen zu dirigieren. Manchmal war da eine gewisse Befriedigung dabei, in dieser Art von Macht und Kontrolle über andere Menschen, manchmal auch ein viel zu hoher Aufwand beim Versuch, etwas durchzusetzen, festzuhalten, was dann häufig doch nicht funktionierte. Loszulassen, den richtigen Zeitpunkt zu erkennen, umzudenken und flexibel zu reagieren, wäre im Rückblick häufig die bessere Lösung gewesen – wenn da nicht auch immer wieder das blockiert hätte, was man Ego nennt und der besseren Einsicht oft entgegensteht. Doch wie war die Erkenntnis? Loslassen ist eine der schwierigsten Übungen!

In meine eigenen Gedanken vertieft, höre ich wie aus der Ferne gerade noch, wie der Mönch da vorne im Zusammenhang mit dem Thema des Tages einen Auszug aus dem sogenannten Gelassenheitsgebet zitiert und dabei doch tatsächlich das Wort »Gott« benützt: »Gott, gib mir die Gelassenheit, Dinge hinzunehmen, die ich nicht ändern kann, den Mut, Dinge zu ändern, die ich ändern kann, und die Weisheit, das eine vom anderen zu unterscheiden.«

Warum als Buddhist nicht auch einen Gott anrufen, wenn's der Sache hilft, denke ich.

»Wäre es häufig nicht sehr viel einfacher«, geht es weiter, »wenn wir aufgäben und aufhörten – also loslassen würden – Widerstand gegenüber Dingen zu leisten, von denen wir glauben, wir müssten oder sollten sie ändern? Dies kann unser eigenes Leben oder das von anderen betreffen, Verhaltensweisen anderer Personen, Umstände oder Entscheidungen von oben, die wir ohnehin nicht oder nur sehr schwer ändern können. Oft ist es einfacher, unsere Machtlosigkeit anzuerkennen und aufzuhören, gegen ein Irgendwas anzukämpfen! Wir geben uns gerne der Illusion hin, Herr über unser eigenes Leben zu sein. Und dann passiert das Unvorhersehbare: Du verlierst deinen Job, du wirst krank oder deine Frau hat einen anderen Mann. Weg ist die Kontrolle, weg ist die Macht, du musst das, was war, loslassen und lernen, mit der neuen Situation umzugehen, dich manchmal ganz neu erfinden. Festhalten und das Alte zurückholen wollen, geht meist gar nicht oder nur sehr schlecht. Sich auf die jeweilige Situation einzulassen, loszulassen und neu durchzustarten, braucht oft seine eigene Zeit, ist in aller Regel aber der bessere, weil einzig sinnvolle Weg.«

Schließlich bringt er den Komplex in einer kleinen Zusammenfassung noch auf den Punkt: »Drei Kriterien solltet ihr im Zusammenhang mit Kontrolle stets genau betrachten: Welche Rolle spielen jeweils euer Ego, euer Perfektionismus und das Nichtvorhandensein von Vertrauen? Das Ego sagt euch, eine Person oder das Resultat einer Arbeit sollte genau euren spezifischen Vorstellungen entsprechen. Der Perfektionismus neigt dazu, dass es für etwas Bestimmtes nur eine einzige Art und Weise gibt, nämlich eure eigene, und der Verlust an Vertrauen suggeriert, dass alles auseinanderfällt, wenn du dich nicht selbst um alles kümmerst. Ein Teufelskreis!«

Inzwischen ist die kurze Dämmerung in die Dunkelheit übergegangen, ein weiterer Tag mit Vorträgen und Meditationsübungen nähert sich seinem Ende, doch eine kleine Zugabe steht noch an. Von der Seite kommend, ganz unauffällig, hat sich wieder einmal der Abt dazugesellt, völlig ruhig und entspannt hat er den Ausführungen von Tan Sujiwo gelauscht und sich nirgendwo eingemischt. Jetzt aber, mit einem kurzen Blick zu seinem Mönch und einer kleinen Geste, bringt er sich doch noch ein:
»Weil dieses Thema gar so umfassend und wichtig ist – vor allem überaus menschlich«, knüpft er an, »möchte ich auf einen ganz besonderen Aspekt eingehen: die Trennung, das Loslassen von dem, was man im Leben an Position und Status erreicht hat und das, was durchwegs damit zusammenhängt – nämlich das, was sich auf dem Bankkonto niederschlägt, in Form von Geld und Vermögenswerten. Über den ersten Teil wurde bereits geredet. Doch wie ist es mit dem zweiten Teil, mit dem, von dem man sagt, dass er die Welt regiert?«
Kurze Pause und langer Blick in die Runde.

Loslassen von Erreichtem, Geld und Vermögen

»*Let's talk about money*«, geht es ziemlich profan weiter. »Zunächst solltet ihr euch daran erinnern, dass man zwar sehr intensiv und kontrovers über Wiedergeburt und ein Leben nach dem Tod diskutieren kann, aber über das, was man darüber hinaus – falls es ein Darüber-hinaus gibt – mitnehmen kann, wird jede Illusion rasch in der Erkenntnis münden: Du kannst gar nichts mitnehmen, weil das letzte Hemd keine Taschen hat! Es gibt Menschen, auch in buddhistischen Ländern, die bauen sich für ihre Urne einen tollen Stupa, bei euch im Westen ein Mausoleum, die Inder einen Tempel, die alten Ägypter ließen den toten Körper einbalsamieren und legten ihn in eine Pyramide, doch keines dieser

Monumente bringt das hiesige Leben zurück. Manche Menschen treibt ihre Angst vor Armut so weit, dass sie über ihr ganzes Leben hinweg Vermögen anhäufen und dabei vergessen, dass Geld nur Spaß macht, wenn man es ausgeben kann, und dass es nach dem Tod dafür definitiv zu spät ist. Geld verschafft Macht, oft auch Ansehen, und häufig Kontrolle über andere Menschen. Doch Zufriedenheit – das, um was es im Leben eigentlich geht – bringt es erst, wenn man damit Gutes tut – für die Gesellschaft, in der man lebt, oder im weiteren Sinn für die Welt. Wiederum hat das Ganze etwas mit Loslassen zu tun. Denn Geld und Vermögen, das man sich vielleicht mühsam, mit Intelligenz und mit Schweiß erarbeitet hat, zu verteilen, ist häufig noch schwieriger, als es weiter aufzutürmen. Wieder muss man mögliche Ängste und Vorbehalte überwinden, muss vielleicht Großzügigkeit erlernen da, wo vorher Sparsamkeit und sogar Geiz vorherrschten, man muss sich auf etwas einlassen, was vorher nicht war. Den Tod zu akzeptieren hat ganz viel mit Loslassen zu tun – nämlich das wertvollste aufzugeben, das ein Mensch haben kann: das eigene Leben!« Und dann fügt er noch etwas an, das in diesem Zusammenhang den hiesigen Buddhismus vom tibetisch geprägten abhebt: »Der Dalai Lama würde wahrscheinlich über eine Wiedergeburt im Sinne von Reinkarnation reden. Doch dies ist eine Sichtweise, die nicht Teil des Theravada-Buddhismus ist. Was nach diesem einen Leben hier passiert – wir wissen es nicht! Was wir aber wissen, ist, dass die Begierde vor dem Loslassen steht und beide ein Teil dieses Lebens sind. Beide sind wie zwei Seiten einer Medaille – vorne ist die Begierde, hinten ist das Loslassen.«

Und schließlich: Loslassen vom Loslassen

Irgendwann ist ein Punkt erreicht, wo ich nicht mehr aufnahmefähig bin. Als ich dann am Abend auf meiner harten Pritsche liege, beschäftigt mich das Thema dieses Tages wieder – oder immer noch – und es fällt mir schwer, gedanklich vom Loslassen loszulassen. Es dauert lange, bis mich ein tiefer Schlaf vom Grübeln erlöst. Immer wieder wollen Beispiele aus meinem Leben hochkommen und betrachtet werden, wobei mich meine offensichtlichen Schwachpunkte ganz deutlich plagen. Warum beschäftigen mich einige der Beispiele, die heute genannt wurden, so intensiv? Was steckt dahinter, wie könnte ich besser damit umgehen? Da sind meine Ängste, zu versagen, Erwartungen nicht gerecht zu werden – im Job, in Beziehungen, in selbst gesteckten Zielen, nicht gut genug zu sein; die Angst vor Armut, nicht genügend Geld zu haben, um mir das leisten zu können, was ich gerne hätte. Das Spektrum wird weiter und größer, je länger ich darüber nachdenke. Bis mir die Lösung einfällt: Genau hinschauen. Versachlichen. Inwieweit ist das, was ich mir ausmale, deckungsgleich mit der Realität der jeweiligen Situation. Welche Begierden können sich dahinter versteckt haben? Meine Ängste oder Bedenken sollte ich genau überprüfen und versuchen sie zu verstehen, um sie letztlich loslassen zu können. So wird diese Nacht bei der Suche nach inneren Erkenntnissen kürzer als gedacht, denn schon klingelt wieder ein ungnädiger Wecker, obwohl mein Gefühl mir sagt, dass diese Nacht doch erst begonnen hat.

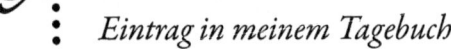

Eintrag in meinem Tagebuch
Zitat von Buddha:
»Wenn du ein Problem hast,
versuche es zu lösen.
Kannst du es nicht lösen,
dann mache kein Problem daraus.«

Der neunte Tag

Die Bettschwere noch im Kopf und in den Knochen, schleppe ich mich pünktlich um halb fünf, voll zu nachtschlafender Zeit, zur Vorlesung buddhistischer Texte in die Meditationshalle. Es ist der vorletzte Tag und bisher habe ich brav durchgehalten, kaum eine Session geschwänzt und beschlossen, mich bis zum Schluss einigermaßen diszipliniert an den Ablauf zu halten. Auch wenn's nicht immer leicht gefallen ist! Doch insgesamt, so meine Einschätzung, hat sich diese Reise hierher sehr gelohnt, mir in erstaunlich kurzer Zeit einen deutlichen Abstand verschafft, mich zum Nachdenken gebracht, mir neue und wertvolle Impulse gegeben. Eine ganze Reihe davon werde ich noch weiter vertiefen und verarbeiten müssen, aber ich habe ja auch noch genügend Abstand eingeplant, bis ich die Weichen neu stellen werde.

Bettschwere in den Knochen am vorletzten Tag

Den buddhistischen Texten zu dieser dunklen Stunde folge ich noch in leichter Trance, bei der anschließenden morgendlichen Meditation schlafe ich prompt ein, erst ein leichter Stoß meines Nachbarn unterbricht das Schnarchen, das ich offensichtlich nicht unterdrücken kann. Yoga-Alex schafft es schließlich ab 5:15 Uhr (man beachte die Zeit!), die Kombination meines Geistes und Körpers vom Nachtzustand in den Tagesmodus zu befördern. Seine Anleitungen und die Bewegungsübungen empfand ich stets als sehr willkommene Ergänzung zum Gesamtprogramm, dessen Schwerpunkt insgesamt deutlich im Bereich des Hirns liegt. Inzwischen freue ich mich schon auf den Morgen des elften Tages, der mich irgendwie wieder zurück in ein normaleres Leben bringen wird, auch wenn ich noch nicht so sicher bin, wohin genau mich meine nächsten Schritte führen werden. Doch ganz bestimmt, so habe ich mir vorgenommen, werde ich nach diesen vornehmlich geistigen Inputs erst mal einiges für meinen Körper tun.

Inhalt, Sinn und Ziel des Lebens

Das Frühstück und die nachfolgenden Arbeiten für die Gemeinschaft fasse ich an diesem Tag etwas kürzer, sodass mir noch etwas Zeit für ein kleines Nickerchen bleibt, um Konzentrationsfähigkeit für den Dhamma-Vortrag um zehn Uhr zu tanken. Als ich in die gut gefüllte Meditationshalle komme, warten Abt Ajahn Poh und Tan Sujiwo schon in gewohnter Sitzhaltung, was meine Neugier auf das nächste Thema erhöht. Die Einleitung übernimmt der Abt, indem er darauf hinweist, dass wir uns dem Ende des Retreats nähern und dass, bevor wir zurück in unsere eigenen Welten gingen, er selbst, zusammen mit Sujiwo, uns gerne einladen möchte, einige Reflexionen über den Inhalt, den Sinn und das Ziel des Lebens anzustellen.

Inhalt

»Was ist der Inhalt eures Lebens?«, steigt er direkt ins Thema ein und macht dann die übliche kurze Pause. Auf Antworten muss er nicht warten, denn es besteht immer noch Redeverbot. Eine Wiederholung der Frage, zum Vertiefen des Denkprozesses, lässt nicht lange auf sich warten: »Was macht ihr in den vierundzwanzig Stunden eines jeden Tages?«, die er nach einem weiteren kurzen Innehalten selbst beantwortet: »Sicherlich verbringt ihr so um ein Drittel davon im Schlaf und mit Träumen. Einige Stunden werdet ihr brauchen, um zu essen, ich hoffe, ihr habt auch einige Stunden zum Entspannen – aber den größten Teil werdet ihr in irgendeiner Form beschäftigt sein, einer Arbeit oder Beschäftigung nachgehen, und mit anderen Menschen in Kontakt oder im Gespräch sein. Das ist ganz wichtig«, unterstreicht er, »dass man sich darüber klar wird, dass man den bewussten Teil des Tages – der das eigentliche Leben ausmacht, im Gegensatz

zum Schlaf! – mit Arbeit und Tun verbringt, in der Regel begleitet von anderen Menschen, mit denen man sich in direkter oder
indirekter Kommunikation befindet.

Damit«, so seine Empfehlung, »ist es für unser Leben ent-
scheidend, dass wir uns mit unserer Arbeit identifizieren können,
dass wir Spaß daran haben und dies möglichst im Umgang mit
anderen Menschen, mit denen wir gerne zusammen sind und
die uns in unserer Entwicklung nach Möglichkeit weiterbringen.
Ansonsten«, so sein wohlmeinender Rat, »vergeudet ihr eure
Zeit und euer Leben«, und für noch mehr Nachdruck fügt er ein
»*Think about it!*« hinzu.

Ja, Meister, gebe ich ihm recht, das trifft genau den Punkt, über
den ich sehr intensiv nachdenke und überlege, wie und ob ich mit
meinem Job weitermache, was verändert werden muss, was ich
mir dabei leisten kann und wie ich insgesamt weiterleben möchte. Ich stehe vor einer Zäsur, bin noch mitten in der Krise, die
aber, so viel weiß ich über mich selbst, nicht in einen Dauerzu-
stand münden wird. Nach dem Rückzug in die Stille wird es eine
Wiederauferstehung geben!

Sinn

Mit einer subtilen Geste in Richtung Sujiwo übergibt der Abt die
nächsten Ausführungen an diesen. »Nachdem wir den Inhalt
des Lebens einigermaßen definiert haben, was, meint ihr, ist
der Sinn?«, fragt dieser rein rhetorisch in die immer noch zum
Schweigen verurteilte Runde, mit seinem wohltuenden Amerikanisch und einer Klarheit in der Aussprache, die den Mutter-
sprachler auszeichnet.

»Wenn wir über den Sinn des Lebens forschen, kommen die
unterschiedlichsten Antworten«, legt er los. »›Arbeiten‹, heißt
es oft, ›den Erhalt des Lebens sichern‹, meinen andere, ›sich
fortpflanzen‹ kommt häufig, ›lernen‹ wird angeführt und so
weiter. Mit ›lernen‹«, sagt er, »kommen wir der Sache schon
näher. Wenn wir das um zu ›wachsen‹ mit ›reifen‹ ergänzen,
dann sind wir schon ganz nah dran!«, meint er und holt noch ein

Stück weiter aus: »Was begleitet uns vom Moment der Zeugung bis weit hinein ins Alter?«, stellt er wieder eine Frage, um sie unverzüglich selbst zu beantworten: »Es ist zum einen ein Wachstum beziehungsweise eine körperliche Veränderung, die immer von geistig-psychischer Entwicklung begleitet wird. Dies kann im positiven Fall bis zum Ende des Lebens andauern, es kann durch Krankheiten oder andere Einflüsse gebremst oder unterbrochen werden – ganz bestimmt haben wir dafür ein gutes Stück an Eigenverantwortung! Diese eigene Beteiligung ist es, über die wir uns klar sein müssen – denn der Sinn des Lebens ist nicht ein Schicksal, das von außen gesteuert wird und dem wir uns passiv ergeben müssen, sondern viel mehr ein Karma, wo ein Ereignis ein anderes bedingt und auf das wir über unser persönliches Tun und Handeln einen ganz hohen Einfluss haben.

Der Sinn des Lebens«, versucht er seine Ausführungen auf den Punkt zu bringen, »ist also nicht ein Dahinexistieren, ein Sich-treiben-Lassen, sondern sein persönliches Wachstum in die eigenen Hände zu nehmen und somit bewusst und aktiv am Leben teilzunehmen. Dafür sind wir Mensch und nicht Materie, unterscheiden uns durch die vielzähligen Chancen und Möglichkeiten, die uns geboten werden, vom Tier – sofern wir diese erkennen und auch ergreifen!« Seine Schlussworte möchte ich hier im Originaltext weitergeben, um sie in der Übersetzung nicht zu verlieren:

> *»The sense of life is not a being, an identity,*
> *but a becoming,*
> *not a product, but a process.«*

Wieder gibt man mir etwas mit, das in meinem Hirn »wumms« macht. Es haut voll rein, wie man so sagt, es macht sofort klick. In einem Satz zusammengefasst, sagt es alles aus: Der Sinn des Lebens ist nicht nur ein Dahinexistieren, auch nicht irgendeine Identität, die wir von sonst wo hernehmen, sondern ein Werden, kein ominöses Produkt, sondern ein Prozess. Ein Prozess, von dem wir sehr vieles selbst in der Hand haben! Danke, Mr. Sujiwo!

Ziel

Aber er hat noch etwas in petto. Ohne große Pause fragt er in die Runde: »Nachdem wir nun den Inhalt des Lebens haben und auch den Sinn, was, würdet ihr sagen, ist das Ziel des Lebens?« Wieder lässt er der Gruppe etwas Zeit zum individuellen Nachdenken, um dann nachzufassen: »Was ist das Ziel des Lebens?« Offensichtlich genießt er den Blick in die grübelnden Gesichter vor ihm.

»Nun – ist das Ziel des Lebens, für das es sich lohnt zu leben, was das Leben lebenswert und reich macht, möglichst viel Geld anzusammeln? Oder berühmt zu werden, Macht über möglichst viele Menschen ausüben zu können, Titel und Medaillen zu sammeln, einen Haufen Wissen anzuhäufen und dergleichen?«

Längere Pause, suchender Blick in die Runde.

»Was ist es wirklich?«.

Noch eine Pause.

»Für was strengt ihr euch an, was gibt euch letztlich eine Befriedigung? Womit seid ihr schließlich zufrieden, fühlt ihr euch tatsächlich glücklich? Welchen inneren Zustand wollt ihr erreichen?«

Und dann wieder die Frage: »Was ist das Ziel des Lebens? Das finale Ziel ist sicherlich der Tod, da gebe ich jedem recht, der das sagen würde. Aber was ist das ständige Ziel auf den einzelnen Etappen eines Lebens?«

Noch so eine Pause zum Reflektieren, bis schließlich die Antwort kommt:

»Alles, was ihr macht, was ihr tut – auch wenn ihr euch dessen nicht immer bewusst seid –, hat das Ziel oder sollte das Ziel haben, dass ihr so etwas wie ‚glücklich und zufrieden‘ seid. Ich weiß«, meint er, »dieser Begriff ‚glücklich‘ ist ziemlich abgenutzt, weil er ständig benutzt und strapaziert wird.« Dabei verwendet er das englische Wort *happy* und fügt nach kurzem Innehalten hinzu: »Besser gefällt mir der Begriff *content*, also so etwas wie ‚zufrieden‘ mit dem, was man tut, zufrieden mit sich selbst.«

In der Übersetzung fällt mir auf, dass in dem Begriff »zufrieden« das Wort »Friede« steckt. Also so etwas wie »Friede mit sich selbst«. Aber das passiert erst Stunden später, als ich meine Notizen lese und das heute Gesagte Revue passieren lasse. Friede mit sich selbst. Inneren Frieden haben. Nichts mehr wollen, nicht noch mehr wollen, weiter und weiter hinauswollen, sondern mit dem zufrieden sein, was ist, erkennen, wann es genug ist, wann es reicht. Was nicht heißen muss, dass man sich keine Ziele setzen soll, dass man, um diese zu erreichen, nicht auch kämpfen darf. Nein. Das ist ganz bestimmt nicht gemeint oder gar ausgeschlossen. Es geht nur darum, zu erkennen, wie weit sich etwas lohnt, wann der Preis zu hoch wird, was es kostet und was es bringt. Kann – sollte ich – zufrieden sein mit dem Erreichten, wann ist es genug, was ist das Resultat? Macht es mich letztlich glücklich oder bleibt am Ende doch nur ein fader Geschmack, wird der Magen nur gefüllt, um zu überleben, oder ist dabei eine Lust, ein Genuss, eine Freude? Der Unterschied zwischen Gourmand und Gourmet.

»Das Ziel des Lebens«, führt Sujiwo weiter aus, »ist für jeden Menschen sehr individuell und wird zusätzlich davon bestimmt, was der Einzelne an Fähigkeiten und Talenten mitbekommen hat, in welcher Umgebung man aufgewachsen ist, welchen Lehrern und Vorbildern man begegnet ist – oder welche man sich ausgesucht hat! –, welche Chancen man bekommen und ob man sie wahrgenommen oder übersehen hat, ebenso wie von Schicksalsschlägen, die man kaum bestimmen kann. Jeder Mensch bekommt bestimmte Fähigkeiten in die Wiege gelegt, die es zu entdecken und zu entwickeln gilt, und jeder sollte lernen, sich mehr und mehr selbst zu vertrauen, also, sich etwas zuzutrauen.

Dass die individuellen Ziele, die sich ein Mensch setzt, dabei von höchst unterschiedlicher Größe sind und Auswirkungen haben, ist ziemlich klar. In jedem Fall sollten sie jedoch realistisch und erreichbar sein, ansonsten führen sie zu Frustration! Der eine will ein Unternehmen gründen, der andere ist mit einem Job als Angestellter in einem Büro zufrieden. Der eine liebt das Risiko, wird dabei womöglich erfolgreich und sogar reich, andere dagegen bauen auf Sicherheit und ein regelmäßiges Einkommen. Wir brauchen sehr viele dieser verschiedenen Fähigkeiten und Neigungen, damit eine Gesellschaft funktioniert! Wir sollten auch vorsichtig damit sein, zu beurteilen, ob und wann ein Mensch oder eine Familie über zu viel Reichtum und Besitz verfügt. Denn es braucht Unternehmertum, um unsere Bedürfnisse zu befriedigen. Wie man weiß, kann man damit sehr wohlhabend werden und auch eine Menge an Macht ansammeln. Es braucht auch Mäzene, die über Geld verfügen, die fördern und spenden können, denn der Staat kann nicht alle Aufgaben übernehmen. Ansonsten bestimmen darüber Funktionäre und Parteien – und sozialistische oder kommunistische Systeme haben in der Vergangenheit nicht unbedingt zu glücklicheren Menschen geführt. Es ist ein heikles Thema«, meint er, »man kann darüber endlos diskutieren und es gibt dazu sehr diversifizierte Meinungen – mein Thema ist auch nicht die Politik, ich versuche, mich neutral auszudrücken. Aber letztlich und auf jeder Stufe sollte das Ziel unseres Denkens und Handelns sein, dass man mit sich und seiner Umwelt im Einklang ist, weil dies alleine zu einem glücklichen und zufriedenen Zustand führt.«

Er ist jedoch noch nicht ganz fertig mit seinen Ausführungen: »Wer sein Leben passiv verbringt, irgend welchen Idolen oder Idealen nacheifert und nicht authentisch ist, wer also nicht selbstbestimmt, sondern nach gewissen Mustern lebt, wer sich von den Medien nur berieseln lässt und nicht selbst am Leben teilnimmt, wer nicht an seiner persönlichen Entwicklung arbeitet, der vergeudet sein Leben und wird diesen Zustand, von dem wir hier die ganze Zeit reden, nur schwerlich oder nie erreichen.«

Sprach's, steht auf und überlässt uns mit diesem Hinweis uns selbst.

Quellen des Glücks und der Zufriedenheit
Eine Meditationsübung später, in einem nachmittäglichen Diskurs, greift er das Thema dann noch mal auf, indem er mit einer rhetorischen Frage beginnt: »Was, meint ihr, sind Faktoren, die

zu einem zufriedenen und glücklichen Leben führen?«

Jetzt würde ich gerne hören, was aus der Gruppe an Beiträgen kommen könnte, was von den verschiedenen Kulturen und Nationen, die hier versammelt sind, an Wortmeldungen käme, denn die Vorstellungen von Glück und Zufriedenheit und welcher Weg dorthin führt dürften höchst unterschiedlich sein. Geht aber nicht. Erst morgen, ab Mittag, soll der Mantel des Schweigens gelüftet werden, dann wird es die Möglichkeit zum Austausch untereinander geben und Raum sein für Fragen an die verschiedenen Mönche sowie den Abt. So bleibt nur wieder eine kurze innere Besinnung, die Suche von Antworten aus sich selbst heraus. Doch Meister Sujiwo lässt uns nicht lange zappeln.

»Geld, Besitz, Reichtum, Macht sind für sehr viele Menschen das, womit sie glauben, glücklich und zufrieden zu werden. Doch was nützt es einem Milliardär, wenn er alleine in seinem Schloss sitzt, dabei einsam ist, weil er keine Familie hat und keine Freunde, mit denen er sich vertraulich austauschen und feiern kann? Was ist, wenn ihn schließlich eine ernsthafte Krankheit erwischt oder wenn er in Depressionen verfällt, die er versucht, mit Alkohol oder Drogen zu vertreiben? Vielleicht flieht er auch noch tiefer in seine Arbeit, zählt neurotisch sein Geld und versucht aufgrund seiner Macht andere Zeitgenossen zu dirigieren und deren Leben zu bestimmen. Wird er irgendwann darüber nachdenken? Wird er vielleicht an einem gewissen Punkt zu der Erkenntnis kommen, dass er zwar viel besitzt – aber trotzdem alleine ist, da ganz oben auf seiner Leiter? Dass sein Geld nur Sinn macht, wenn er es ausgeben oder teilen kann? Wird er merken, dass geistige und körperliche Gesundheit nicht zu kaufen sind, sondern dass man froh sein muss, wenn man sie hat und dies keineswegs selbstverständlich ist? Wird er merken, dass man für ihre Erhaltung relativ wenig Geld braucht? Wird er die Fähigkeit erlernen können, Vertrauen zu geben und Vertrauen zu bekommen? Wird er erkennen, dass Liebe und Freundschaften nicht käuflich sind, sondern dass man sie geschenkt bekommen muss? Und dass man etwas tun muss, um sie zu finden und in der Folge zu erhalten?«

Wo es innen leer ist, bringt die schönste Verpackung nichts

Ich beobachte, wie er an dieser Stelle innehält, um seinen Zuhörern etwas Zeit zum Einwirken dieses Gedankens zu geben. Dann fährt er fort: »Schönheit, in aller Regel aufoktroyiert von Idealen aus der Klassik oder in unserer Zeit von den Medien und der Schönheitsindustrie, ist ein anderer Faktor, von dem viele Menschen glauben, dass er zu Glück und Zufriedenheit führt. Leider wird dabei gerne übersehen, dass Schönheit sehr relativ ist und, wie man weiß, grundsätzlich im Auge des Betrachters liegt. Was von dem einen als schön empfunden wird, muss es für den anderen noch lange nicht sein. Ganz ähnlich dem Geschmack auf der Zunge und am Gaumen! Außerdem unterliegt die Schönheit der Veränderung und wird in der Jugend anders empfunden als im Alter. Viele Frauen und Männer tun enorm viel für ihr Aussehen, aber herzlich wenig für ihren Geist – wo letztlich das Gefühl für Glück und Zufriedenheit sitzt. Seid ihr euch im Klaren, dass teure, gestylte Klamotten noch lange keinen schönen Menschen machen? Sie können unterstützen und etwas verbergen, aber auch nicht mehr! Denn es gibt äußere und es gibt innere Schönheit. Zugegeben, der äußeren kann man mit Geld und geschickter Handwerkskunst etwas nachhelfen, die innere aber ist etwas, für die man an sich persönlich arbeiten muss. Sie strahlt dann von selbst nach außen, hat etwas mit Herzlichkeit zu tun, mit Reife, mit Wachstum. Man spricht dann im Westen gerne von einem beseelten Menschen, weil er schön von innen heraus ist, wofür es weder teure Klamotten noch einen angesagten Friseur braucht.«

Dann lässt er noch einen Satz raus, der wieder zack im Kopf macht, weil er das Ganze wie in einer Essenz verdichtet: »Merke: Wo es innen leer ist, bringt die schönste Verpackung nichts!«

Ja, dem kann man wenig hinzufügen. Geld ist wichtig bis zu einer bestimmten Größenordnung, aber nur, bis die wesentlichen materiellen Bedürfnisse befriedigt sind, dann flacht die Kurve rasch ab. Danach rücken ganz andere Werte in den Vordergrund, die oft ganz neue Wege verlangen. Macht über andere Menschen ist

175

schon gar nicht jedermanns Sache und das mit der Schönheit ist sehr relativ und in jedem Fall individuell. Aber was, so frage ich mich, sind nun die Faktoren, die zu einem glücklichen und zufriedenen Leben beitragen?

Andere Werte und neue Wege – Lebensqualität statt Geldzuwachs

Meine Überlegungen finden ein rasches Echo, als Sujiwo mit seinem Vortrag fortfährt. »Es gibt eine Glücksforschung, welche die verschiedenen Einflussfaktoren untersucht, die zu Zufriedenheit führen. Sie wird in den verschiedensten Ländern aller Kontinente durchgeführt und beginnt mit einer sehr einfachen Frage: ›Wie zufrieden oder unzufrieden sind Sie mit dem Leben insgesamt?‹ Zusätzlich fließen relativ subjektive Merkmale in die Forschung mit ein wie das Klima in der jeweiligen Gegend, der allgemeine Bildungsstand, die berufliche Tätigkeit, die Zugehörigkeit zu einer sozialen Schicht sowie die Wohlstandsverteilung im Land.

Das erstaunliche Resultat ist, dass ›Einkommen und Bildung‹ nur fünf Prozent dessen ausmachen, warum sich Menschen in verschiedenen Ländern besser oder schlechter fühlen. Dagegen tragen soziale Faktoren wie ›verheiratet sein‹, ›Freunde haben‹, ›gemeinnützige Arbeit‹ mit soliden fünfzehn Prozent zur Zufriedenheit bei. ›Individuelle Persönlichkeitsstrukturen‹ haben einen Anteil von fünfundzwanzig Prozent, zehn Prozent fallen auf ›zufälliges Glück oder Unglück‹, und die restlichen fünfundvierzig Prozent verteilen sich auf die unterschiedlichsten Kriterien wie ein ›aktives Leben bis weit ins Alter hinein‹, ein ›freud- und lustvoller Lebensstil‹, ›Sexualität‹, ›Spiritualität und Religionszugehörigkeit‹; aber auch die Fähigkeit, ›aus einer Situation jeweils das Beste zu machen‹, ›positives Denken‹, ›das Leben zu nehmen, wie es ist‹, und nicht zuletzt ›loslassen können verbunden mit wieder aufstehen‹ sind weitere tragende Säulen, die zur inneren Befriedigung führen.

Besonders für Menschen, die glauben, alles zu haben, und sich doch irgendwie leer fühlen, ist der Hinweis wichtig, dass das Engagement im menschlich-sozialen Bereich sowie das Gefühl, in einem Umfeld von Freunden und einer Familie eingebettet zu sein, ein ganz wesentlicher Faktor ist, um zu einem inneren Zustand von Glück und Zufriedenheit zu gelangen. Warum nicht genauer hinschauen und dort seine Energie hineinstecken, wo am meisten zurückkommt? Lebensqualität statt Geldzuwachs!«, gibt er uns noch auf den Weg mit.

Lebe ich mein Leben – oder werde ich von ihm gelebt?

Für mich sind dies eine Reihe von weiteren Anregungen, die an diesem Abend zu Einträgen in mein Tagebuch führen, damit seine Worte nicht zu Schall und Rauch werden. Mir ist ziemlich klar geworden, dass in den genannten Kriterien einige Schwerpunkte liegen, die ich bisher offensichtlich vernachlässigt hatte und die ich in meinem weiteren Leben anders gewichten sollte!

Eintrag in meinem Tagebuch

In meinem Alter von Mitte vierzig ist die Hälfte des Lebens gelebt. Viel Gutes war dabei und auch einiges an Glück. Dabei passierte eine Menge unbewusst und durch Zufall, ohne dass ich das Gefühl hatte, selbst der Steuermann zu sein. Zufälle, Glück, auch Pech, wird es immer geben. Doch die Zeit läuft weiter. Es bleibt die wesentliche Frage: Lebe ich mein Leben – oder werde ich von ihm gelebt?

Der zehnte Tag

»Bäcker«, fällt mir an diesem Morgen ein, als der Wecker wieder ungnädig den Schlaf unterbricht, »wäre für mich als Beruf nun wirklich nichts gewesen. Wenn diese Frühaufsteherei ab morgen vorbei ist, werde ich nicht sehr traurig sein!« Und ich frage mich wiederholt, welchen geistigen Nährwert diese Klosterleute darin sehen können, um vier Uhr morgens, noch mitten in der Nacht, den Tag zu beginnen. Mit einem lustvollen Lebensstil, der zum Glück führen soll und wie ihn der Meister noch am Vortag empfahl, kann dies nur wenig zu tun haben. Wenigstens nicht für mich. Ich will aber auch kein Mönch werden. Und dass, wie ich hier gelernt habe, der wichtigste Moment im Leben genau »hier und jetzt« ist, kann ich gut so stehen lassen, aber ich bin auch davon überzeugt, dass ich ihn zur rechten Zeit ohne Probleme verschlafen kann. So wie jetzt um vier. Nützt aber nichts. Disziplin. Heute letzter Tag!

Glücklicherweise ist die Vorlesung buddhistischer Texte eine halbe Stunde später nicht besonders herausfordernd und die erste Meditation inzwischen so etwas wie Routine. Ich halte durch. Bei Yoga-Alex, bei dem ich wie immer gerne mitmache und der uns an diesem letzten Morgen noch mal besonders fordert, spüre ich die körperliche Energie, die nach diesen vielen Tagen des Sitzens und des aufmerksamen Zuhörens endlich wieder ein Ventil braucht. Das Geistige ist jetzt ziemlich befriedigt, das Physische will nun seinen Raum. Ab dem Mittag soll man auch wieder reden dürfen. Ich freue mich schon, den Klang meiner eigenen Stimme und der von einigen anderen Teilnehmern zu hören. Ein Leben als Zuhörer wäre nicht das meine. Ich will selbst wieder an die Tasten ran und spielen!

Fragen und Antworten am letzten Tag

Die Dhamma-Vorträge an diesem letzten Tag sind mehr eine Beantwortung von verschiedenen Fragen, die sich offensichtlich angehäuft hatten oder an den vorherigen Tagen nicht ausreichend behandelt werden konnten. Einige davon halte ich für interessant genug, um sie festzuhalten. Die erste Frage einer Teilnehmerin aus den USA namens Mary betrifft den Nimbus von sogenannten spirituellen Lehrern oder Gurus und deren persönliche Fehltritte:

Triffst du Buddha unterwegs, töte ihn

Frage: »Ich habe viel über die Missetaten von spirituellen Lehrern gehört, Yoga-Meistern, Gurus aus Indien, wie sie Frauen sexuell missbrauchen, ihre ›Follower‹ finanziell ausbeuten. Das meiste davon klingt nicht viel anders als das, was man über katholische Priester und die Kirchen insgesamt im Westen liest. Was sagt ihr dazu?«

Santikorn, der diesen letzten Vormittag leitet, versucht erst gar nicht um den heißen Brei herum zu reden, weicht auch nicht aus, sondern geht direkt darauf ein: »Was du da ansprichst, ist leider eine traurige Tatsache – man kann darüber immer wieder auch in den hiesigen Zeitungen lesen. Egal ob dies Gurus aus Indien sind, einzelne Rinpoches aus Tibet, Yoga-Lehrer, Mönche aus örtlichen Klöstern: Manche sind enorm erfolgreich in ihrer Scheinheiligkeit – doch es ist leider stets dasselbe, weil das Böse, genau wie das Gute, ein immanenter Teil des Menschen ist. Sich einem Lehrer ganz zu unterwerfen und ihm blind zu vertrauen, wie es einige Schulen vertreten, lehnen wir deshalb grundsätzlich ab. Kein Mensch sollte seinen eigenen Verstand einem anderen übergeben! An dieser Stelle möchte ich auch die Kaste der Politiker nennen. Ämter, Vertrauen, Position und Macht werden immer wieder missbraucht, damit Einzelne sich bereichern oder andere Personen ausnützen können. Die einzige Möglichkeit, sich davor zu schützen, ist dem eigenen Geist zu vertrauen und gegebenenfalls Verstöße sofort öffentlich zu machen. Leider sind diesbezüglich die Menschen im Osten nicht anders als die im Westen – weshalb auch der Zustand des Buddhismus insgesamt nicht viel besser ist als der des Christentums im Westen, den Islam nicht ausgenommen. Es gibt da einen Satz, den ihr vielleicht kennt: ›Triffst du Buddha unterwegs, töte ihn.‹ Die konkrete Aussage darin ist: Wenn wir jemandem begegnen, der unseren Vorstellungen eines ‚vollkommenen Menschen‘ entspricht, ist das eine Selbsttäuschung und wir sollen uns von dieser Person nicht abhängig machen, ihr nicht die Verantwortung für unser Leben übergeben. Denn kein Mensch kann perfekt sein. So klar und einfach ist es! Ich hoffe, ich habe deine Frage beantworten können.«

Ich bin froh, dass er dieses Thema mit den Gurus der verschiedenen Schulen, die von ihren Jüngern zu allwissenden Lehrmeistern und Quasi-Heiligen verklärt werden, so klar benennt. Zu viel Beweihräucherung war mir schon immer suspekt, genau wie die absolute Wahrheit oder ein Zuviel an sogenannter Weisheit.

Darauf folgt eine Frage von einem gewissen Michael aus der Schweiz: »Man liest schreckliche Sachen über ein buddhistisches Land – Myanmar. Dort werden eigene Staatsbürger, die Rohingya, aufgrund ihres muslimischen Hintergrunds verfolgt und können ihr Leben nur durch Flucht retten. Was sagt ihr dazu?«

Antwort: »Ich kann nur auf das bereits Gesagte verweisen. Es hat überhaupt nichts mit Buddhismus oder einer buddhistischen Einstellung zu tun, sondern ausschließlich mit einer verwerflichen Politik und menschlichen Schwächen. Zutiefst verabscheuungswürdig!«

Selbst der Steuermann bleiben

Damit nimmt er auch schon den nächsten Zettel in die Hand und liest vor: »Man sagt, die Buddhisten missionieren nicht. Mir ist auch nichts Gegenteiliges bekannt. Aber warum gibt es dann Mönche so wie hier, die seine Lehre unterrichten?«
Antwort: »Weil die Menschen zu uns kommen. Einem buddhis-

tischen Mönch ist es nicht erlaubt zu lehren, ohne dass er danach gefragt wird. Dies ist sogar eine der monastischen Regeln! Du kannst zu mir kommen und beispielsweise fragen: ›Kannst du mir vom Buddhismus erzählen‹ oder ›An was glaubst du?‹ – dann werde ich es dir erzählen. Auf diese Art und Weise sind wir niemals Missionare und wir versuchen auch nie, jemanden zum Konvertieren zu bringen. Aber wir sind für diejenigen da, die zu uns kommen und an dem, was wir zu sagen haben, interessiert sind. Wir beantworten Fragen, versuchen aber niemals irgend jemanden zu überreden oder ihn von unserer Lehre zu überzeugen! Wir versuchen etwas vorzuleben und sind nur dazu da, den Menschen die Gelegenheit zu unterbreiten, dass sie ihr eigenes Leben hinterfragen und reflektieren. Du selbst sollst der Steuermann bleiben und das Ruder nicht aus der Hand geben!«

Wieder so eine klare Aussage, wie ich finde, in der diese Lehre, die keine Religion sein will, sondern mehr eine Philosophie, sich von anderen wohltuend unterscheidet. Nur mit dem Judaismus, fällt mir dabei ein, teilt der Buddhismus diese Auffassung. Du musst dir deinen Lehrer suchen, zu ihm kommen und ihn bitten, sein Wissen mit dir zu teilen. Der Gemeinschaft – auf Pali *Sangha* – kannst du beitreten oder auch nicht.

Immer Loving kindness, geht das?

Eine Liz aus Australien hat eine Frage zu *Mettā*, bekannt unter dem englischen Begriff als *Loving kindness*, in deutscher Übersetzung benannt als *Liebende Güte* – ein Begriff, bei dem sich nicht nur bei mir, wie sich herausstellt, die Haare aufstellen. Liz will wissen: »Ist das mit Mettā oder *Loving kindness* nicht ein völlig überzogener Anspruch? Überall soll ich ein guter Mensch sein, der immer selbstlos und gelassen über allem steht. Es erinnert mich an die Nächstenliebe aus dem Christentum, wo ich meinen Nächsten wie mich selbst lieben soll – aber ich bekenne mich zu meinen menschlichen Schwächen und liebe dann doch immer in erster Linie mich selbst.«

Antwort: »Genau!«, fängt Santikorn mit einem Grinsen an,

»du sollst dich auch selbst lieben. Denn wenn du dich selbst nicht lieben kannst, kannst du auch keinen anderen lieben!«, und hängt gleich einen netten Vergleich an: »Es ist, wie wenn du mit dem Finger auf einen anderen Menschen zeigst. Viele vergessen, dass dabei zwei Finger – der Zeigefinger und der Daumen – auf den anderen zeigen, drei Finger aber auf dich selbst. Ähnlich ist es mit der Nächstenliebe und der *Loving kindness* – du bist immer mit dabei!«

Er ist aber noch nicht ganz fertig: «Das Wort *loving* wird im Englischen häufig überstrapaziert und ist mehr oder weniger gleichbedeutend mit dem Begriff *like*, also im Sinne von ›mögen‹. Mettā oder diese etwas unglückliche Übersetzung *Loving kindness* besagt nicht, du sollst dich blind verhalten und alles ausblenden, was du an einer Situation, an einem Menschen – das kann auch dich selbst betreffen! – oder an einer Sache negativ empfindest. Wir empfehlen eher eine gewisse Distanz, eine verständnisvolle Betrachtung, bevor wir in die *Be-urteilung* oder zur *Ver-urteilung* gelangen. Nicht dieses sofortige ›Ich hasse das‹ oder ›Ich will das nicht‹ ist angesagt, sondern Verständnis und auch eine gewisse menschliche Milde. Das ist es, was wir unter Mettā verstehen, und nichts anderes!

Die negativen Gedanken, die negativen Gefühle, wirst du nie aus deinem Geist vertreiben können. Aber betrachte den Geist wie einen Spiegel, der alles reflektiert. Und wie ein Spiegel ist der Geist an sich rein. Durch die Betrachtung des Geistes, wie beispielsweise in der Meditation, können wir aber die Verunreinigungen erkennen, das, was den Geist an Gedanken und Gefühlen negativ belastet. Es ist einfach, auf dem, was man nicht mag oder was man verurteilt, sitzen zu bleiben und sich ständig damit zu beschäftigen. Aber es wird dir auf Dauer nicht guttun. Es führt zu keinem *peace of mind* oder beruhigten Geist.«

Ich spüre eine Erleichterung bei dieser ergänzenden Erklärung, weil ich diesen Begriff bisher ebenfalls zu idealisierend empfand. In dieser Form kann ich ihn jedoch gut stehen lassen.

Meditationsanleitung zum Mitschreiben

Die Antwort auf die Frage eines Teilnehmers zur Meditation: »Kannst du uns bitte eine kurze Zusammenfassung für die tägliche Meditationsübung mitgeben« findet sogar einen dauerhaften Eingang in mein Notizbuch.

Santikorn diktiert sie uns langsam zum Mitschreiben:

- »Treffe mit dir selbst eine Vereinbarung für eine bestimmte Zeit am Morgen oder am Abend für die Dauer von etwa zehn bis zwanzig Minuten und versuche, diese regelmäßig einzuhalten.
- Suche dir einen ruhigen Platz in der Natur oder in deinem Zuhause und versuche zu entspannen. Gedämpftes Licht und beruhigende Musik können den Einstieg dabei unterstützen.
- Nimm eine bequeme Sitzhaltung ein, in der du dich nicht verspannst. Wenn es für dich passend ist, kannst du die Meditation mit einer Klangschale und einem Klöppel zu Beginn ein- und am Ende ausläuten.
- Konzentriere dich mit offenen Augen auf einen ruhigen Punkt in deiner Umgebung, offen schauend, nicht fokussierend.
- Blende langsam alles in deinem Blickfeld und sämtliche Geräusche aus.
- Schließe die Augen und werde zum Beobachter deiner Gedanken.
- Spüre hin, ob irgendwo in deinem Körper Verspannungen sind. Wenn ja, ändere deine Sitzposition, bis du dich ganz gelockert fühlst.
- Versuche nicht, an nichts zu denken, sondern bleibe lediglich der Beobachter, ohne zu beurteilen oder deinen Gedankengängen anzuhaften.
- Ganz allmählich werden die Gedankenflüsse weniger und du wirst dich ruhiger fühlen.
- Unterstütze diese Phase mit einem positiven Satz über dich selbst, zum Beispiel ›Ich bin ganz ruhig‹ oder ›Alles ist gut‹.

- Halte diesen Satz so lange wie möglich im Bewusstsein, versuche, andere Gedanken nicht zu vertreiben. Beobachte sie einfach, wie sie kommen und gehen, und kehre immer wieder zurück zu deinem Satz >Ich bin ganz ruhig<.
- Nimm die positiven Gefühle und Gedanken zur Kenntnis, die dabei auftauchen, und versuche, in dieser Stimmung für einige Minuten zu bleiben. Beobachte dabei auch die störenden Eingebungen, die in dir hochkommen wollen.
- Bleibe in diesem Zustand, solange du kannst oder willst, und nimm die Ruhe und den Frieden in dir und deinem Geist wahr.
- Öffne langsam die Augen, bleibe noch ein Weilchen in diesem Zustand, komme dann allmählich zurück ins normale Leben.«

Diese einfache Anweisung begleitet mich sehr lange. Immer dann, wenn mich später doch wieder der alltägliche Stress einholt und vieles von dem, was ich hier erfahren habe in den Hintergrund geschoben wird, hole ich diesen Zettel hervor und beginne irgendwie von vorne. Zusätzliche Hilfsmittel, die angesprochen wurden, wie das Zählen von eins bis vier oder Händefalten zur Zentrierung, habe ich ohnehin integriert. Manchmal gelingt die Meditation mehr effizient als andere Male. Doch insgesamt ist sie aus meinem Leben nicht mehr auszulöschen!

Reinkarnation bleibt uneinlösbares Versprechen

Ab elf Uhr stehen dann alle Mönche, die in diesen zehn Tagen referiert haben, gemeinsam mit dem Abt für individuelle Fragen zur Verfügung. Es scheint einiges offen geblieben zu sein, denn es gibt rasch ein Gedränge. An einem ruhigen Platz vor der Speisehalle gelingt es mir schließlich, an den Abt heranzukommen. Ich will ihm nur eine Frage stellen, die mich im Zusammenhang mit dem Buddhismus und seinen verschiedenen Lehrrichtungen bewegt. Aufgrund seiner Autorität möchte ich den Abt dazu direkt befragen und bin gespannt auf seine Aussage. Was ich immer in Frage stellte, war die Sache mit der Wiedergeburt oder auch Reinkarnation und wie die Tibeter behaupten, der oder dieser Mensch wäre die Wiedergeburt von einer Person, die vorher schon gelebt hätte. Der Dalai Lama gilt als konkretes Beispiel. Für mich eine fixe Idee, die man nicht nur im tibetischen Buddhismus findet, sondern ebenso in manchen esoterischen Kreisen im Westen. Auch das Christentum und der Islam versprechen so etwas wie ein Leben nach dem Leben. Wahrscheinlich ist es eine tiefsitzende Angst vor der frustrierenden Unabwendbarkeit, irgendwann selbst in die endgültige Vergänglichkeit eintreten zu müssen, die mich dazu bewegt, diese Frage noch mal zu stellen. Wahrscheinlich schlummert da immer noch ein Funken Hoffnung in mir, dass es doch irgendwo und irgendwie eine Art von Danach gibt, wenn dieses jetzige Leben endgültig ausgehaucht ist. Eine Verdrängung der Tatsache, dass alles, für das man einmal gelernt, gekämpft, geliebt, gelebt hat, vorbei ist und keine persönliche Wichtigkeit mehr hat. Und dass man am Schluss null und nichts davon mitnehmen kann, dorthin, wo der schönste und größte Grabstein nur ein Hinweis bleibt für das, was drunter liegt und ausgelebt hat.

So bin ich gespannt und hoffe auf eine klare Antwort auf meine Frage, ob nach dem Tod noch mehr als ein Nichts sein kann. Sie kommt kurz und bündig. Er verweist noch mal auf den Unterschied zwischen Wiedergeburt im Kontext von Veränderungen oder Wiederholungen, entsprechend den Vorträgen an einem dieser Tage, und Reinkarnation als solches und schließt Letztere klar aus. *»Reincarnation? No!«* Die Vorstellung kann die Funktion einer Krücke übernehmen oder auch als Trost dienen, wird aber ein uneinlösbares Versprechen bleiben. »Du kannst in der Erinnerung fortleben, vielleicht bei deinen Kindern, Enkeln, bei Freunden, eventuell mit deiner Arbeit in irgendwelchen Romanen oder Geschichtsbüchern – aber das war's dann. Wahrscheinlich ist es sinnvoll«, rät er mir, »sich damit anzufreunden!«

Auch wenn da noch ein Rest an Hoffnung aus meinem katholischen Religionsunterricht in meinen tiefsten Hirnwindungen verblieben sein sollte, diese Buddhisten hier helfen auch nicht weiter. Ich darf somit dieses Heilsversprechen aus meiner

Kindheit getrost ad acta legen. So oder so. Da wird auch kein Hokuspokus aus anderen Glaubensrichtungen helfen!

Die Auflösung

Nach dem Mittagessen und der anschließenden Meditation am Nachmittag endet das Schweigen. Zeit zum Kennenlernen der Personen, die man im Laufe dieser Tage beobachten konnte, über die man sich Gedanken gemacht und von denen man gewisse Vorstellungen entwickelt hat, Gelegenheit zur Überprüfung. Ich bin gespannt auf meine ersten gesprochenen Worte nach zehn Tagen und ob meine Stimme noch vorhanden ist. Sie ist noch da, und dass die Gestik nicht mehr die Sprache ersetzen muss, braucht auch nur eine sehr kurze Übung. Der aufgestaute Rededrang darf endlich raus.

Ein interessant aussehender Mann in den Fünfzigern und seine Frau, die manchmal beisammenstanden und sich kurz über Blickkontakt und Gesten austauschten, stellen sich als Israelis heraus, beide tätig in der Chemiebranche, unterwegs auf einer ausgedehnten Asienreise, wie sie erzählen. Eine ganz und gar nicht unansehnliche Dame von Mitte vierzig, mit der ich schon früher gerne geredet hätte, ist Personalchefin in einem kalifornischen Computerunternehmen und hier auf der Suche nach neuen Inputs. In einem Rückblick auf diese zehn Tage, zusammen mit ein paar anderen Teilnehmern kommt dann die Frage hoch, ob manches von dem, was hier gesagt wurde, nicht doch etwas einfach geklungen hätte. Linda, die Dame aus dem Silicon Valley, hat dazu eine klare Meinung: »Ja, die Aussagen waren tatsächlich einfach, deshalb auch verständlich und vor allem für das tägliche Leben anwendbar.« Und ergänzt: »Nach meiner Erfahrung liegt die Weisheit oft im Alltäglichen. Vielleicht sogar in der Banalität. Und deswegen wird sie allzu oft übersehen und erst recht nicht wertgeschätzt!« Um dann noch hinzuzufügen: »Ist es nicht so, dass Lösungen meist so aussehen, dass eine komplizierte Formel so lange heruntergebrochen wird, bis sie verständlich wird; ähnlich wie bei Entscheidungsprozessen im Geschäftsleben, deren

Klarheit nicht in der Größe, sondern in kleinen, nachvollziehbaren Schritten liegt?« Ein Mann von geschätzt Ende dreißig ergänzt: »Genau deswegen komme ich schon zum dritten Mal hierher. Um von dem ganzen intellektuellen Überfliegerkram herunterzukommen und wieder den Boden unter den Füßen zu spüren.«

Vom intellektuellen Überfliegerkram runterkommen

Mein häufiger Sitznachbar bei den Meditationen und Vorträgen, der mehrmals sanft meine Einschlafphase unterbrach (oder ich seine), heißt Jordi und kommt aus Barcelona. Er ist selbstständiger Unternehmensberater und kommt einmal im Jahr hierher, wie er sagt, um Energie und neue Impulse zu tanken. Er ist es, der mir dann auch einen wertvollen Tipp gibt für einen meiner möglichen nächsten Schritte. Er erzählt mir von einem Thailänder, der in Bangkok Elektrotechnik studiert, hier einige Zeit im Kloster als Mönch verbracht hat und inzwischen Retreats und Vorträge in einigen hiesigen Hotels, aber auch in Australien und Europa anbietet. Das macht mich neugierig und ich frage, ob er weiß, wie der Mann heißt und wo ich ihn finden kann. Wahrscheinlich über das Internet, wenn ich seinen Namen eingebe, rät er mir, er sei sich aber ziemlich sicher, dass er meistens auf der Insel Koh Samui lebe und dort gebe es ein Ressort, in dem er mehrmals im Jahr einwöchige Diskurse für Geschäftsleute aus einer bunten, internationalen Umgebung anbietet. Seinen Namen notiere ich in meinem Notizbuch. Ich hoffe ihn irgendwann zu finden.

Ein bekanntes Muster in der letzten Meditation

Die letzte Meditation an diesem Tag verläuft so ähnlich wie viele in diesen zehn Tagen, aber noch mal sehr prägnant. Ich brauche gefühlte fünf bis zehn Minuten, in denen mein Geist hin und her wandert, bis eine gewisse Ruhe einkehrt. Dann versuche ich mich ziemlich erfolglos in der Rolle des Beobachters. Schließlich kommt der Impuls hoch, mit dem Ganzen aufzuhören, aufzugeben. Doch dann, wenn ein bestimmter Punkt überwunden ist, wird es interessant. Es kehrt wirklich innere Ruhe ein und ich kann tatsächlich beobachten; mich wundern über das, was hochkommt – und dies in schöner Regelmäßigkeit. Situationen, Gedankengänge, die sich wiederholen und mir plötzlich bewusst werden, als Betrachter und nicht als sofort Ausführender. Wobei mir in diesem Zusammenhang wieder das Wort »bewusst« deutlich wird; in dem der Teil »wissen« steckt. Ohne mir über die Eingebungen im Kopf bewusst zu werden, ist es wie etwas, das zwar da ist, aber doch nicht präsent. So wie zwar «vorhanden«, aber eben nicht wissentlich und spürbar da, wo mein Geist ist. Etwas zieht durch, ohne Spuren zu hinterlassen.

Ich merke, dass in der Art, wie ich jetzt meditieren kann, etwas anders ist als noch vor zehn Tagen. Irgendwas scheint hängen geblieben zu sein.

Eintrag in meinem Tagebuch
Sie haben mir in diesen zehn Tagen das Beste gegeben,
was sie mir geben konnten: Denkanstöße.

Der elfte Tag –
Sawasdee und Chock Dee

Dies ist der elfte Tag, und ich schwöre bei allen christlichen Heiligen, die mir einfallen, dass der Wecker für ganz lange Zeit nicht mehr um vier Uhr morgens läuten wird. Ein letztes Morning Reading, das ein kurzer Rückblick ist, und einige besinnliche Worte von Tan Sujiwo für den anstehenden Weg zurück ins wahre Leben, dann eine letzte Meditation im Sitzen und schließlich das Frühstück. Ich habe Energie getankt und freue mich auf einen gewissen Grad von Aktionismus. Zum Abschied darf sich umarmt und dürfen gute Wünsche endlich wieder laut ausgesprochen werden. Das Servicepersonal verabschiedet sich mit *Sawasdee*, dem Gruß, der so viel wie »Hallo« bedeutet und in Thailand häufig auch zum Abschied verwendet wird, und einem *Chock Dee*, was »Viel Glück« bedeutet. Derselbe Pritschenwagen, der uns hierher gebracht hat, bringt uns wieder zurück zum Eingangstor des Geländes, wo schon eine Reihe von Taxis auf Kunden warten. Mein erstes Ziel sollen wieder die Peace Bungalows sein, wo der Weg zum inneren Frieden im Prinzip seinen Anfang nahm. Sanya, die Dame am Empfang, die zugleich die Besitzerin ist, erkennt mich sofort wieder und meint zu meiner Erleichterung: »*Everything okay!* Die Gäste von Weihnachten und Neujahr sind fast alle weg und dein Bungalow ist noch frei.«

Ich ziehe ein und genieße einige Tage das normale Leben mit guter thailändischer Küche, Small Talk, Schwimmen, Nachdenken und ziellosem Schauen auf die Weite des Golfs von Thailand vor mir, mit ihren traumhaften, fast schon kitschigen Sonnenuntergängen. So könnte das Paradies gewesen sein, denke ich manchmal, wenn Adam und Eva nicht in diesen Apfel gebissen hätten – womit ich doch schon wieder bei meiner innerlich tief implantierten westlichen Geschichte bin. Adam und Eva und die

Vertreibung aus dem Paradies. Ein Drama, das es sicherlich so nie gab. Doch warum brauchen wir diese Mythen? Warum brauchen wir Bilder? Aus dem gleichen Grund, fällt mir ein, warum diese Buddhisten ihre Buddha Figuren brauchen. Und weshalb ich mich freue, wenn ich beobachte, wie Sanya jeden Morgen und jeden Abend zur gleichen Zeit zu ihrem Geisterhäuschen schlendert, Räucherstäbchen abbrennt und kleine Opfergaben für ihre Ahnen und irgendwelche Gespenster darbringt. Auch ich brauche meine eigenen, sehr persönlichen Konstruktionen aus einer anderen Welt, um diese hiesige Welt verstehen zu können und im Fall der Fälle irgend jemandem dankbar sein zu können. Marx und Engels können es nicht sein, Jesus und Mohammed auch nicht, selbst Buddha nicht wirklich. Worauf ich feststelle, dass ich es nicht genau weiß und damit wieder bei so etwas lande, was sie »Gott« nennen, den ich aber nicht kenne und nicht greifen kann, in den ich aber irgendwie Vertrauen habe, wenn ich ihn mal brauche. Er oder irgendwas hat mich hierher gebracht und ich gehe anders raus, als ich reingegangen bin.

Nachwort

Ein paar Tage später bin ich bei Sanya in der Küche gelandet, habe für ein Dutzend Leute Spaghetti mit Tomatensauce gekocht, roten Wein besorgt und mein Handy per Internet auf Radio Nostalgia Italia getuned, das ich über Bluetooth an ihre Musikanlage anschließen konnte. Alle haben sich gefreut und später fleißig getanzt. Das Leben in seiner prallen Fülle war wieder zurück – und ich war mittendrin.

Gut zwei Monate bin ich dann noch durch ganz Thailand gezogen, habe das Land, seine Menschen und ihre Kultur genossen. Den ehemaligen Mönch auf Koh Samui habe ich auch noch getroffen. Doch mehr dazu vielleicht ein anderes Mal. Buddhist bin ich nicht geworden, weil ich grundsätzlich keine Ismen anstrebe. Doch was sie mir im Wat Suan Mokkh sagen konnten, habe ich mitgenommen und sogar noch weiter vertieft. Meditation als Beobachtungsmedium fürs Oberstübchen setze ich seither regelmäßig ein. Mein Geist soll frei sein und sich aussuchen können, was er für brauchbar hält.

Irgendwann rief ich meinen Chef an und gab ihm einen Zwischenbericht. Vier Wochen später bin ich wieder in Frankfurt gelandet, ein paar Tage später habe ich die Konditionen für einen Neuanfang verhandelt. Ich war gestärkt mit neuen Denkansätzen und nicht mehr bereit, so weiterzumachen, wie ich aufgehört hatte. Ich stieß auf offene Ohren und erhielt, mit einigen Abstrichen, ziemlich genau das, was ich mir vorgestellt hatte. Zumindest bis auf Weiteres. Und wenn es nicht mehr passt, werde ich das überprüfen, was sie meine »Begierden« nennen und mein Leben gegebenenfalls neu ordnen.

Über den Autor

Herb Stumpf hatte nach seinem Studium zum Diplom-Wirtschaftsingenieur verschiedene Industriepositionen inne, zuletzt bei Hewlett-Packard. 2003 gründete er die Firma 50PlusConsulting und ist seitdem als selbstständiger Berater in Nürnberg tätig. Zahlreiche Reisen führten ihn nach Indien, Sri Lanka und Thailand, wo er wertvolle Impulse sammeln konnte, die sein Leben wesentlich beeinflussten. Er ist Autor verschiedener Bücher.

Herb Stumpf

Zwei Jahre mit dem VW-Bus um die Welt

Eine Reiseerzählung mit praktischen Tipps

376 Seiten, Softcover

1. Auflage 1982 und 2. Auflage 1985
Christoph und Michael Hofbauer Verlag,
München

3. Auflage 2014
Amazon Create Space

4. Auflage 2021
BoD · Books on Demand GmbH, Überseering 33,
22297 Hamburg, bod@bod.de

ISBN-13: 9783754356012

2 Jahre mit dem VW-Bus um die Welt
Eine Reiseerzählung mit praktischen Tipps

Zur Neuauflage 2021, zirka 40 Jahre nach Ersterscheinen im Jahr 1982:

Nachdem der Autor von verschiedenen Lesern, u. a. vom Bulli-Forum, immer wieder angeschrieben wurde, wie es schade sei, dass es dieses Buch nur noch antiquarisch gibt, wurde es zuerst 2014 bei Amazon und 2021 bei BoD neu aufgelegt.

Die Reise führte in einer ersten Etappe durch Südeuropa, die Türkei und den Iran, weiter über Pakistan nach Nepal und Indien und schließlich nach Sri Lanka, von wo aus der Bulli zum zweiten Abschnitt der Reise auf den amerikanischen Kontinent verschifft wurde.

Der Text blieb im Original belassen, da eine Aktualisierung an die heutigen Gegebenheiten den Originalcharakter deutlich verfälscht hätte. Es ist somit als quasi historisches Werk zu betrachten.

Dieses Buch beschreibt nicht nur den zeitlosen Menschheitstraum vom Reisen, vom Entdecken verschiedener Kulturen und Kontinente, sondern auch die Sehnsucht des „Normalbürgers" von heute, sein Leben irgendwann selbst in die Hand zu nehmen, und – sei es auch nur für eine überschaubare Zeit – das zu tun, was er (oder sie) schon immer mal tun wollte. Vielleicht mit dem einzigen Ziel, danach ruhiger leben zu können.

Herb Stumpf

Ausstieg mit Mitte 50

Frühpensionierung als Chance zum Neubeginn

Herb Stumpf

Ausstieg mit Mitte 50

Frühpensionierung als Chance zum Neubeginn

166 Seiten, Softcover

1. und 2. Auflage 2003
Kösel Verlag GmbH & Co., München

3. überarbeitete Neuauflage 2017
BoD · Books on Demand GmbH,
Überseering 33, 22297 Hamburg, bod@bod.de

ISBN: 9783744812726

Ausstieg mit Mitte 50 oder Frühpensionierung ab 63 – viele Menschen müssen oder wollen sich vorzeitig aus dem Berufsleben verabschieden. Dabei tauchen für die meisten, die Altersteilzeit oder Frühpensionierung in Anspruch nehmen, drängende Fragen auf. Der Ausstieg aus dem Berufsleben will innerlich und äußerlich verarbeitet sein. Der Autor beschreibt, wie es ihm persönlich dabei erging und wie er selbst, aber auch andere, zu neuen Wegen und Herausforderungen fand. Dieses Buch ist ein wichtiger Begleiter für alle, die sich gedanklich oder tatsächlich auf die Zeit „nach dem Beruf" vorbereiten möchten.

„Herb Stumpf hat ein lehrreiches Buch über den Übergang in die dritte Lebensphase geschrieben."
(PERSONALFÜHRUNG)

„... eine gute Orientirungsgrundlage für einen neuen Anfang nach dem Berufsleben."
(PSYCHOLOGIE HEUTE)

„Sein Thema, die Ausstiegsplanung, ist aktuell wie eh und je ..."
(PERSONALFÜHRUNG)

„Er beschreibt offen seine Ängste, zeigt beispielhaft eine solide Altersfinanzierung auf und beschreibt schließlich Möglichkeiten, um wieder eine neue Identität zu finden."
(HR-TODAY, dt. Ausgabe)

„In seinem Buch beschreibt er praxisnah die Herausforderungen und bietet für die auftretenden Probleme ganzheitliche Lösungen an."
(CAPITAL)

Herb Stumpf

Wenn das Wochenende 7 Tage hat

Berufsende – Rente – Älterwerden
und alles, was Sie dazu wissen sollten

270 Seiten, Softcover

© 2008 Herb Stumpf, Nürnberg

6. überarbeitete Neuauflage 2025
Verlag: BoD · Books on Demand GmbH,
Überseering 33, 22297 Hamburg,
bod@bod.de,

ISBN: 9783744855921

Seit Ersterscheinung 2008
das Standardwerk zum Thema
Ruhestand und Älterwerden

„Der Übergang vom Beruf in den Ruhestand ist für viele Betroffene ein tiefer Einschnitt in ihrem bisherigen Leben. Dieses Buch widmet sich dem Thema ganzheitlich und ermuntert zu einem bewussten und aktiven Umgang damit.

Der erste Teil beschäftigt sich mit den Formalitäten, die beim Abschied aus dem Erwerbsleben notwendig sind, sowie den wesentlichen Punkten der Altersfinanzierung.

Im zweiten Teil geht es um seelische und geistige Fragen hinsichtlich des Berufsausstiegs, der Zeit danach und auch dem Älterwerden an sich.

Der dritte Teil enthält vielfältige Anregungen für ein erfülltes Leben im Anschluss an die Berufstätigkeit, für das Finden neuer Inhalte und Ziele.

Das Buch ist eine wertvolle Orientierungshilfe für alle, die ihren Ausstieg aus dem Erwerbsleben gezielt vorbereiten möchten, aber auch für diejenigen, die diesen Schritt bereits hinter sich haben. Die Anregungen des Autors sind praktisch und lebensnah. Dazu ist das Buch unterhaltsam und sehr persönlich geschrieben."

PERSONALFÜHRUNG, 12/2008